Lilli Buthmann-Condé

LILI MARLEN UND DIE BLINDE ZIGANKA

Begegnungen einer Deutschen in Mazedonien

Reiseerzählung

1

Lilli Buthmann-Condé

war 40 Jahre lang Lehrerin für Fremdsprachen, davon 26 im Schuldienst der westafrikanischen Elfenbeinküste und 12 in Berlin-Neukölln in einer „Vorbereitungsklasse für Ausländerkinder". Seit ihrer Pensionierung reist sie regelmäßig ins ehemalige Jugoslawien, insbesondere nach Mazedonien.
In Bitola hat sie seit 2005 einen Zweitwohnsitz im Haus einer Romafamilie, einer jungen Witwe mit ihren drei inzwischen erwachsenen Kindern. Die älteste Tochter wurde blind geboren. Die Bücher von *Lilli Buthmann-Condé* sind die Früchte dieser vielfältigen Erfahrungen und Begegnungen.

Veröffentlichungen von Lilli Buthmann-Condé:

Elfenbeinküste – Westafrika Reihe, Books on Demand 2002:
Schwarzweiße Liebesgeschichten von der Elfenbeinküste:
Band 1: Zauberblüten aus dunkler Erde
Band 2: Zu Gast im Lande der Hoffnung

Serbien - Mazedonien - Balkan Reihe, Books on Demand 2011:
1. Lili Marlen und die blinde Ziganka - Reiseerzählung
Begegnungen einer Deutschen in Mazedonien
2. Brücken über die Zeit - Eine Liebesgeschichte vom Balkan
3. Vom Himmel durch die Welt zur Hölle -
Geschichten vom Balkan und von Anderswo von
Luka Joksimovič Barbat und Lilli Buthmann-Condé
Webseite: http://lillibuthmann.jimdo.com

INHALTSVERZEICHNIS

Lilli Buthmann-Condé
LILI MARLEN UND DIE BLINDE ZIGANKA
Begegnungen einer Deutschen in Mazedonien
Reiseerzählung

Alle Rechte bei der Autorin
Herstellung und Verlag:
Books on Demand GmbH, Norderstedt
ISBN 9783842371583

Lili Marlen in Jugoslawien – Die Vorgeschichte

Am Eröffnungsabend des Filmfestivals im Februar 2004 gab die deutsche Schauspielerin Hanna Schygulla, eine der Musen des jung verstorbenen Filmregisseurs Rainer Werner Fassbinder, eine 'One Woman Show' mit dem Titel 'Träume'. Es war mein letzter Abend in Belgrad und mit meiner langjährigen Freundin Marina aus Novi Sad ging ich hin.

Erwartungsvoll füllte das meist serbische Publikum den Theatersaal und der Vorhang ging auf. Die Künstlerin mit dem breiten slawischen Gesicht und den hohen Backenknochen sprach poetische Texte auf Deutsch, unterlegt mit Szenen aus ihren Fassbinder Filmen und sang französische Chansons.

Am Schluss applaudierten die Zuschauer freundlich, aber mäßig begeistert. Da trat die Schygulla an die Rampe, um eine Zugabe zu singen. Wir ahnten schon, was kommen sollte, und gleich bei den ersten Tönen ging ein erregtes Raunen durch den Saal, eine Welle der Emotion brandete über uns hinweg. Wir hatten die Melodie von 'Lili Marlen' erkannt und hörten tief bewegt zu, während sie sang:

Vor der Kaserne,
Vor dem großen Tor,
Stand eine Laterne
Und steht sie noch davor.
So woll'n wir uns da wiederseh'n,
Bei der Laterne woll'n wir steh'n,
Wie einst, Lili Marlen.....*
(* Text von Hans Leip, 1915,
Musik von Norbert Schultze,1939)

Als alle fünf Strophen verklungen waren, folgte ein lang anhaltender Beifallssturm. Ich ließ mich mitreißen, kommunizierte mit der Sängerin und den anderen Zuhörern und hatte Tränen in den Augen. Ich hatte nicht gewusst, mit welch starken Gefühlen dieses Lied noch immer geladen war, auch nach über 60 Jahren. Während des Zweiten Weltkriegs erklang es, gesungen von Lale Andersen, jeden Abend im deutschen Soldatensender Belgrad, aber nicht nur die deutschen Landser vom Nordkap bis Nordafrika lauschten dem Lied der Sehnsucht und des Heimwehs, auch die von der anderen Seite ließen überall in Osteuropa die Kampfhandlungen ruhen, saßen vor ihren Rundfunkgeräten und träumten vom Wiedersehen.

Die ältere Generation in unseren Ländern kennt die Geschichte von Lili Marlen noch sehr gut. Ich war damals ein kleines Mädchen und man nannte mich Lilli, obwohl ich eigentlich Elisabeth Maria heiße. Durch das Lied wurde ich zu Lili Marlen. Ich mochte den Namen jedoch gar nicht, denn man hänselte mich damit, nicht nur wegen des sentimentalen Schlagers, sondern auch wegen der Liliputaner aus 'Gullivers Reisen'. So versuchte ich später, als ich mich von der Familie entfernt hatte, ihn loszuwerden und nannte mich Jahrzehnte lang nur noch Elisabeth.

Nur in Jugoslawien blieb 'Lili Marlen' an mir hängen.

Es war Anfang 1955, ich war noch keine 16, als zwei Studienreferendare zur pädagogischen Ausbildung an unsere Schule in einer Kleinstadt im Münsterland versetzt wurden. Den Namen des ersten habe ich vergessen, der zweite hieß Schmidt und wir mochten ihn sehr. Er war klein und hatte eine lustige Stupsnase, wir nannten ihn daher liebevoll 'Schmidtchen'.

Seine Sommerferien hatte er in Jugoslawien, an der dalmatinischen Adriaküste, verbracht und dort eine Schülerin aus Novi Sad, der Hauptstadt der Vojvodina nahe der ungarischen Grenze, kennen gelernt. Sie hatte ihm eine Liste mit den Adressen ihrer Klassenkameraden zugeschickt, die Deutsch lernten und Brieffreundinnen suchten. Ich wählte die Adresse von Marina aus, und schrieb ihr am selben Nachmittag einen langen Brief. Als ich 18 war, besuchte ich sie zum ersten Mal und in späteren Jahren noch viele Male in Novi Sad. Zusammen reisten wir in andere Teile Jugoslawiens, nach Budva und Sutomore in Montenegro und auf die Insel Hvar.

Im Jahr 1964 ging ich für 26 Jahre als Lehrerin nach Afrika, um dort in der Republik Elfenbeinküste beim Aufbau des Schulwesens zu helfen. Erst 1990 kam ich zurück, ließ mich in Berlin nieder und brachte dort Flüchtlings- und Migrantenkindern aus ExJugoslawien, aus der Türkei und vielen anderen Ländern Deutsch bei.

Marina und ich blieben all die Jahre verbunden und ich besuchte sie auch von Afrika aus. Unsere Freundschaft überdauerte die schweren Krisen und die Kriege, die mit dem Auseinanderbrechen der jugoslawischen Föderation einhergingen, wurde dadurch sogar gestärkt. Seit meiner Pensionierung 2002 habe ich mehr Zeit als je zuvor mit Marina verbracht, meist in Novi Sad oder in Belgrad. Als sie 2007 starb, verlor ich meine älteste und intimste Freundin.

Sie war klein und sportlich schlank, als ich sie kennen lernte. Ihr dunkles, natürlich gewelltes Haar umrahmte ein Gesicht voller Grübchen und Lachfalten. Mit den Jahren wurde sie korpulenter, aber immer noch war sie recht temperamentvoll und laut. So geschah es oft, wenn wir unterwegs waren, dass die Leute hörten, wie sie mich Lilli nannte.

Fast jedes Mal kam als Reaktion von irgend jemand:
„Ah, Lili Marlen!"
Eigentlich ist 'Schwabitza' der gängige Spitzname für eine Deutsche in exJugoslawien, wegen der 'Donauschwaben', die im Norden des Landes in der Vojvodina, in der Batschka und im Banat Jahrhunderte lang siedelten, am Ende des Zweiten Weltkriegs nach der Befreiung von der deutschen Besetzung aber fliehen mussten oder vertrieben wurden.

Mich aber hat der Name 'Lili Marlen' auf meinen Reisen in Jugoslawien und seinen Nachfolgestaaten Jahrzehnte lang begleitet. Das störte mich zwar schon lange nicht mehr, aber anderswo stellte ich mich auch weiterhin als Elisabeth vor.

An jenem Theaterabend in Belgrad habe ich mich mit dem alten Namen, den mir meine Familie gegeben hat, endgültig ausgesöhnt und ich will wieder Lilli heißen, so wie mich auch Marina immer genannt hat.

So soll 'Lili Marlen' in diesem Buch für mich als Deutsche auf dem Balkan stehen, mit all den positiven und negativen Vorstellungen, die man über mich haben mag, in einem Land, das im Zweiten Weltkrieg unter der Besetzung durch die Deutschen schwer zu leiden hatte, das später zahlreiche 'Gastarbeiter' nach Deutschland entsandte, die ihr Erspartes im Heimatland anlegten und nun eine gute Rente genießen, ein vielfältiges, Gast freundliches Land, das vor 1990, vor der Krise, jeden Sommer viele deutsche Urlauber beherbergte.

Dort wurde ich zwar immer wieder an die tragischen Ereignisse des Krieges, den wir als Kinder miterlebt hatten, erinnert. Doch niemand ließ mich jemals spüren, dass ich dafür als Deutsche meiner Generation auf irgendeine Weise Mitverantwortung trug. Ich selbst spürte sie allerdings, obwohl ich damals noch ein unschuldiges, kleines Mädchen gewesen war.

Wo liegt Mazedonien? Oder sagt man Makedonien?

„Liegt Mazedonien nicht in Griechenland? Oder sagt man Makedonien?" fragte mich meine alte Freundin Uschi, die mich nach längerer Zeit endlich wieder in Berlin besuchte. Sie kam aus Heidelberg, wo sie sich nach ihrem Studium niedergelassen hatte.

„Sowohl Mazedonien als auch Makedonien sind üblich. Der größere Teil mit der Hauptstadt Thessaloniki liegt in Nordgriechenland, doch nördlich davon gibt es die Republik Mazedonien und in Westbulgarien das kleine Pirin-Mazedonien. Ich habe mir angewöhnt, die jetzige Republik 'Mazedonien' zu nennen und die griechische Provinz 'Makedonien'"

„Kannst du mir erklären, was Alexander der Große mit diesem heutigen, dreigeteilten Mazedonien zu tun hat?"

„Eigentlich hat er nur sehr wenig damit zu tun. Vor über 2350 Jahren wurde er in Pella im heutigen Griechisch Makedonien geboren. Sein Volk, die Makedonen, waren in die Region eingewandert und vermischten sich später mit den Nachbarvölkern. Ihre Sprache ist ausgestorben. Unter König Philipp II, seinem Vater, wurde im 4. Jahrhundert vor Christus das antike Griechenland geeint. Alexander trug durch seine Eroberungszüge den Hellenismus, griechische Kultur und Lebensart, bis nach Ägypten, Persien, Indien und Afghanistan. So ist Makedonien und seine Geschichte ein Teil der griechischen Geschichte und Kultur. Aus griechischer Sicht ist daher eine Verwendung der Begriffe Makedonien und Makedonier durch nicht griechische Völker undenkbar."

„Jetzt verstehe ich, warum Griechenland der Republik den Namen streitig macht. Aber wie ist sie dazu gekommen?"

„Auch die Vorfahren der heutigen slawischen Mazedonier wanderten in die Region ein, aber erst im 6. Jahrhundert nach Christus, vermischten sich mit den alt eingesessenen Völkern und wurden Christen. Ab 1355 gerieten sie unter das 'türkische Joch'. Das mussten sie bis 1912 ertragen, denn während die anderen Balkanstaaten bereits 1878 ihre Unabhängigkeit erlangten, beließ der Berliner Kongreß das geographische Mazedonien noch für fast 35 Jahre unter Osmanischer Herrschaft. So machten die Slawen in diesen Gebieten im späten 19. Jahrhundert eine von den anderen Völkern des Balkan getrennte Entwicklung durch und begannen sich Mazedonier zu nennen. Obwohl viele für den Anschluss an Bulgarien waren, bildete sich eine slawisch-mazedonische Regionalidentität, später auch eine Nation mit ihrer eigenen, mit dem Bulgarischen verwandten mazedonischen Literatursprache."

„Davon habe ich noch nie etwas gehört."

„Ja, die Geschichte der Balkanvölker ist komplex, und erst seit einigen Jahren beschäftige ich mich genauer damit. Ab 1893 kämpften die Innere Mazedonische Revolutionäre Organisation', 'IMRO, und 'Komitadschi' genannte Rebellen gegen die osmanische Autorität, aber auch gegen rivalisierende serbische und griechische Gruppen. Am 02. 08. 1903, dem Elias-Tag, kam es zum Ilenden-Aufstand, der von den Türken blutig niedergeschlagen wurde. Zehn Jahre später, nach den Balkankriegen 1912-13, in denen auch Mazedonien endgültig von der Türkenherrschaft befreit wurde, teilte man es im Vertrag von Bukarest zwischen den Staaten Griechenland, Bulgarien und Serbien auf. Das serbische Vardar-Mazedonien wurde im Jahr 1929 ein Teil des Königreichs Jugoslawien.

Im 2. Weltkrieg wurde Jugoslawien von der Deutschen Wehrmacht und den mit Deutschland verbündeten Italienern und

Bulgaren besetzt und wieder begann von den Bergwäldern aus ein blutiger Guerilla- und Partisanenkampf. Im Jahr 1943 erkannte der 'Antifaschistische Rat der Volksbefreiung' unter der Leitung des Kommunisten Josip Broz Tito die slawischen Mazedonier als eigenständige Nation an, und im Jahr 1944 wurde im Rahmen der jugoslawischen Föderation die Republik Mazedonien ausgerufen. Sie schied dann 1991 friedlich aus dem jugoslawischen Staatsverband aus, weil, wie es heißt, die Mütter ihre Söhne nicht für die nationalistischen Pläne des serbischen Präsidenten Milošević opfern wollten."

„Und dorthin fährst du regelmäßig?"

„Ja, es ist ein wunderschönes Land. Komm doch mit?"

„Ja, gern. Du kennst dich dort ja schon gut aus!"

„Du weißt, dass ich in Serbien eine alte Freundin hatte, mit der ich in viele Teile Jugoslawiens gefahren bin. In Mazedonien waren wir allerdings nie. Das habe ich zu Ostern 2003 entdeckt. In Bitola gefiel es mir so gut, dass ich mir dort für den Herbst eine Ferienwohnung mietete und wiederkam."

„Hast du diese Wohnung immer noch?"

„Nein, die nicht mehr. Seit dem Sommer 2005 wohne ich in Bair, dem Romaviertel, bei einer jungen Witwe. Zweimal im Jahr fahre ich hin, meist für zwei Monate, und mache mit Selma, ihrer blinden, ältesten Tochter, Sprachunterricht. Wir haben auch ein Gästezimmer. Da wäre Platz für dich."

„Ich glaube, ich überlege nicht lange und komme mit."

„Ich habe für Freitag, den 9. Juli, einen Flug von Berlin nach Thessaloniki gebucht. Von da aus fahre ich mit der Bahn bis Florina in Westmakedonien und dann mit dem Taxi weiter die restlichen 35 km bis nach Bitola."

„Gut, ich werde versuchen, den selben Flug zu buchen. Dann komme ich einen Tag vorher mit dem Auto aus Heidelberg."

Die Reisegefährtin – auf Krücken durchs Leben

Meine Freundin Uschi ist ein heiterer Mensch. Durch eine große Brille schaut sie freundlich in die Welt und öffnet gern ihren breiten Mund mit den regelmäßigen Zähnen zu einem strahlenden Lächeln. Sie ist klein und reicht mir nur bis zur Schulter. Ihr linkes Hüftgelenk ist steif und das Bein kürzer als das rechte. Sie ist daher schwer gehbehindert und geht an zwei Stöcken. Kurz nach dem Krieg, als es in Deutschland noch kein Penicillin gab, hatte sie Knochentuberkulose bekommen und als kleines Mädchen sieben Jahre in Krankenhäusern in Deutschland und in Sanatorien in der Schweiz verbracht. Dann erst durfte sie zu ihrer Mutter nach Dortmund zurück. Dort begegneten wir uns 1962. Sie hatte gerade ihr Abitur gemacht und wollte Medizin studieren. Was denn auch sonst? Ich hatte mein Sprachenstudium in Münster beendet und meine pädagogische Ausbildung als Realschullehrerin begonnen. Danach wollte ich hinausziehen ins entlegene, geheimnisvolle Afrika, an die Elfenbeinküste.

Uschi kam mich dort drei Mal besuchen. Auch nach meiner Rückkehr nach Deutschland 1990 sahen wir uns öfter wieder und besuchten einander. Dies war jedoch nach langer Zeit das erste Mal, dass wir zusammen eine Reise planten.

Das Gehen fiel ihr noch schwerer als früher, denn nach dem Tsunami vom 26. Dezember 2004 war sie im Badezimmer ihres Hotels in Sri Lanka, wo sie in einer ambulanten Krankenstation für die Flutopfer gearbeitet hatte, ausgerutscht und hatte sich die andere, gesunde Hüfte gebrochen.

In Entwicklungsländern lauern die Gefahren nicht immer dort, wo man sie zuerst vermutet!

Dank ihres starken Willens war sie wieder auf die Beine gekommen, machte Fortbildungen in chinesischer Medizin und arbeitete trotz ihrer 68 Jahre noch hin und wieder als Aushilfe in einer Privatklinik. Nun wollte ich ihr mein Mazedonien und seine Menschen zeigen, so wie es sich mir auf mehreren vorangegangenen Reisen seit 2003 erschlossen hatte.

Auf der Durchreise von Thessaloniki nach Florina

Bei meinen ersten Reisen nach Mazedonien flog ich mit JAT, der Jugoslovensko Aero Transport, über Belgrad nach Skopje, der Hauptstadt, und reiste von dort weiter mit Bus oder Bahn durch die Berge nach Bitola. Zurück fuhr ich ein paar Mal mit dem bequemen Schnellzug Thessaloniki-Ljubljana von Skopje bis nach Zagreb, der Hauptstadt Kroatiens, und flog von dort nach Berlin. Laut Fahrplan dauerte die Fahrt von Skopje nach Zagreb gut 16 Stunden, doch der Express verlor aus Gründen, die ich mir bis heute nicht erklären kann, in Südserbien regelmäßig so viel Zeit, dass er mit drei Stunden Verspätung in Belgrad ankam. Schließlich entdeckte ich, dass ich über Thessaloniki viel günstiger nach Bitola gelangen konnte. Seitdem war ich auf der Durchreise mehrmals in der Hauptstadt des griechischen Makedonien gewesen. Diesmal aber wollte ich mir in Uschis Begleitung Zeit nehmen für die alte Stadt am Ägäischen Meer.

Während ich sonst vom Flughafen im Osten durch die ganze Innenstadt mit dem Bus zum Bahnhof oder zum Busterminal ganz im Westen fuhr, nahmen wir diesmal ein Taxi zum Hotel „Rex" in Bahnhofsnähe und ich sagte:

„Anfangs fand ich es sehr verwirrend, dass hier außer auf ein paar Straßenschildern, alle Aufschriften, nur in griechischer Schrift sind. Ich hatte mich ja gerade erst an die kyrillischen Zeichen in Mazedonien gewöhnt."

„Kannst du kein Griechisch?"

„Nein, kein Wort außer Danke, 'Efcharisto'." sagte ich. "Als ich zum ersten Mal mit dem Bus 78 vom Flughafen zum Bahnhof fahren wollte, wusste ich nicht genau, wo ich aussteigen musste. So fragte ich auf Englisch einen der jungen Leute, die mit mir im Flugzeug aus Berlin gesessen hatten, wie man auf Griechisch 'Bahnhof' sagte. Er nannte ein langes Wort, das ich mir nicht merken konnte. Dann fragte er, wohin ich denn reisen wolle. 'Nach Florina und weiter nach Bitola,' antwortete ich, den Namen 'Macedonia' ängstlich vermeidend. Bei den Griechen heißt das Land nämlich nur 'Skopje', nach der Hauptstadt. Hier sind in der Hitze des Streits um den Namen Angehörige der slawischen Minderheit verprügelt worden, wenn sie ihre Sprache benutzten. Doch der junge Mann hakte nach und fragte mit lauter, südländisch temperamentvoller, Stimme: 'In Macedonia?'"

„Und wie haben die anderen Fahrgäste reagiert?"

„Gar nicht. Das war überhaupt kein Problem."

"Na, da siehst du es!" sagte Uschi.

In knapp zwei Tagen besichtigten wir alte römische und byzantinische Bauwerke und das, was vom osmanischen und jüdischen Thessaloniki übrig geblieben war. Wir wanderten die breite Uferpromenade entlang bis zum Weißen Turm aus der Zeit von Sultan Suleyman dem Prächtigen.

Mit dem Bus fuhren wir durch die Straßen der modernen Stadt, die einige Jahre nach dem verheerenden Brand von 1917 von französischen Architekten neu geplant und rings um den zentralen Aristoteles Platz wiederaufgebaut worden war, auch um Wohnraum zu schaffen für die mehr als eine Million Flüchtlinge, die nach dem Griechisch-Türkischen Krieg und dem 'Bevölkerungsaustausch' 1923 aus Anatolien, Kappado kien und von der türkischen Schwarzmeerküste hinüber ins griechische Makedonien geströmt waren.

Am frühen Abend fanden wir gleich neben der Rotunda, dem Mausoleum von Kaiser Galerius aus dem vierten Jahrhundert, ein Straßencafé mit Großleinwand. Dort schauten wir uns das Fußballspiel um den dritten Platz bei der Weltmeisterschaft in Südafrika an. Deutschland spielte gegen Uruguay. Die anderen Zuschauer waren alle für die Südamerikaner. Ob das mit der strengen Haltung der deutschen Regierung zur griechischen Finanzkrise zu tun hatte?

Doch Deutschland spielte hervorragend und gewann, und wir bekamen am Abend mitten in Thessaloniki die mazedonische Sprache zu hören. Wir saßen an einem kleinen Platz in Ladadika, dem früheren Viertel der Olivenölhändler am Hafen und aßen zu Abend. Da kam eine Gruppe von Roma Straßenmusikanten, spielte auf und sang aus voller Brust 'Makedonsko Devojče', eines der populärsten Lieder in mazedonischer Sprache, das ein schönes mazedonisches Mädchen besingt. Alle hörten zu, keiner protestierte.

In Thessaloniki darf in mazedonischer Sprache also wenigstens wieder gesungen werden!

Das Hotel, das wir im Internet für zwei Nächte gebucht hatten, lag schräg gegenüber vom Bahnhofsgebäude. Trotzdem war es für uns schwierig, am Abreisetag dorthin zu gelangen, denn wegen ihrer zwei Krücken konnte Uschi keinen Koffer hinter sich her ziehen. Gepäckträger wie in alten Zeiten gab es nicht mehr. Doch irgendwie schaffte ich die zweihundert

Meter mit den zwei Koffern, und auch die Treppe zum Bahnsteig hinauf. Der Zug stand schon geraume Zeit vor der Abfahrt bereit und wir konnten in aller Ruhe einsteigen. Ein Mann mittleren Alters bot uns dabei seine Hilfe an. Er hievte die Koffer einen nach dem anderen hinauf und dann auch meine Freundin Uschi. Wir bedankten uns mit einem freundlichen 'Danke' und einem Lächeln, dann setzte er sich rechts vom Gang auf die nächste Bank und wir auf die linke Seite. Wir konnten ja nicht miteinander reden, dachten wir.
Es war Sonntag und nur langsam füllten sich die Plätze. Doch kurz vor Abfahrt des Zuges stieg auf der anderen Seite des Waggons ein ganzer Familienklan ein. Drei Männer und drei Frauen verschiedenen Alters, ein halbes Dutzend Kinder und die Großmutter, die nach alter Sitte einen langen, bunt geblümten Rock, eine gestreifte Schürze und ein Kopftuch trug. So kleideten sich nur noch die alten Frauen der Roma. Auch an der dunklen Hautfarbe waren sie sogleich als solche zu erkennen. Entgegen dem Cliché von den wilden, unzivilisierten, 'Zigeunern' benahmen sie sich jedoch recht gesittet, auch die Kinder. Schwierigkeiten gab es erst, als kurz vor dem Bahnhof Platy der Kontrolleur kam und die Fahrscheine sehen wollte. Es entspann sich eine längere Diskussion und zunächst verstanden wir nicht, worum es ging.
Dann begannen die Fahrgäste in der Mitte des Wagens dem Schaffner Münzen herüberzureichen und wir begriffen, dass sie für die Fahrkarten der Familie spendeten. Nach einer Weile kam die Aktion ins Stocken, das Geld reichte nicht. Da fügten auch wir ein paar Euro hinzu, und der hilfreiche Herr von vorhin zückte seine Geldbörse, fragte etwas auf Griechisch und bezahlte den noch fehlenden Betrag.
Die ganze Roma Familie konnte weiterfahren.

Ich hatte gehört, dass sie miteinander Mazedonisch redeten und an einigen typischen Ausdrücken erkannt, dass sie aus Bitola sein mussten, der einzigen Stadt, in der Mazedonisch auch die Muttersprache der Roma ist. Anderswo sprachen sie ihre eigene Sprache, das Romani. So fragte ich einen der älteren Männer, ob sie aus Bitola seien, doch er antwortrtete:
„Nein, wir sind aus Bulgarien und suchen hier Arbeit."
Warum sie sich als Bulgaren ausgaben, war mir klar, und ich sagte zu Uschi: „Ich bin sicher, dass sie aus Bitola sind, aber sie haben Angst vor den Griechen. So hoffen sie, dass man sie besser behandelt, wenn man sie für Bulgaren hält"
„Hier im Zug haben die Griechen sie ja gerade eher gut behandelt. Die sind anscheinend viel besser als ihr Ruf."
„Ja, ganz offensichtlich, aber es wäre schön, wenn die Roma es nicht nötig hätten, um ihr Fahrgeld zu betteln und zu lügen, wenn sie auf Arbeitssuche gehen."
Der hilfreiche Herr von der rechten Seite des Ganges sprach mich nun auch an und fragte: „Sie sprechen Mazedonisch?"
„Ja, ich habe es in den letzten fünf Jahren in Bitola gelernt. Und Sie sind kein Grieche?"
„Doch, doch, ich bin griechischer Staatsbürger, aber ich gehöre zur mazedonischen Minderheit in Amyndeo. Heute fahre ich aber nur bis Verroia."
Er fragte mich aus über unser Woher und Wohin, wie es sich für einen echten, neugierigen Mazedonier gehörte, und erzählte uns, er sei Weinbauer. Er habe geschäftlich in Thessaloniki zu tun gehabt und wolle nun Verwandte in Verroia besuchen. Dann sagte er anerkennend:
„Sehr mutige Frau, ihre Freundin!"
Der Zug fuhr zunächst durch die flache Schwemmlandebene des Vardar und seiner Nebenflüsse auf der Hauptstrecke nach

Athen bis Platy, einer nach dem griechisch-türkischen Krieg von Flüchtlingen aus Kappadokien neu gegründeten Kleinstadt. Die Bahnstrecke nach Edessa und Florina zweigte dort ab und führte weiter nach Westen durch Neusiedlerland. Dies war also nicht das antike Land der Griechen, das wir Deutschen mit der Seele suchen. Mit Ausnahme der Bahnhöfe schien das Meiste neuerbaut und modern.

Bald schon hielt der Zug in Verroia und der Weinbauer aus Amyndeo musste aussteigen.

Wir sagten noch einmal „Danke" und auf Mazedonisch „Blagodaram". Dann war er fort.

Auch die Roma stiegen hier aus. Sicher hofften sie in den Baumwollplantagen um Verroia Arbeit zu finden.

„Seit langem sind viele Roma aus Bitola als Wanderarbeiter in der Landwirtschaft beschäftigt. Schon in der Türkenzeit kamen sie jeden Sommer bis nach Edessa und darüber hinaus. Seit Dezember 2009 brauchen sie für Griechenland und die EU kein Visum mehr und sind wieder da."

„Bekommen sie denn hier eine Arbeitserlaubnis?"

„Sicher nicht. Sie werden illegal, 'schwarz' arbeiten müssen, und riskieren dabei, ausgebeutet zu werden."

„Vielleicht treffen sie ja auch bei der Arbeitssuche auf hilfsbereite, nette Griechen." meinte Uschi optimistisch.

In Naoussa erreichten wir das Ende der Schwemmlandebene und der Zug kletterte hinauf in die Berge des Vermio bis nach Edessa, das waghalsig auf einem Bergrücken lag. Die Landschaft wurde malerischer, abwechslungsreicher, war jedoch viel dünner besiedelt. Das Westufer des Vegoritida Sees, an dem der Zug entlang fuhr, schien fast menschenleer.

Amyndeo war die letzte Station vor dem noch acht Kilometer entfernten Florina, wo wir nach dreistündiger Fahrt kurz nach

14 Uhr griechischer Zeit, 13 Uhr mazedonischer Zeit, ankamen. Ursprünglich ging die 1894 unter Sultan Abdul Hamid
II gebaute Eisenbahnlinie bis nach Bitola, das damals noch
Monastir hieß, und man konntc durchfahrcn. Sie wurde 1991
wegen des Streits um den Namen für Mazedonien stillgelegt.
Doch am Bahnhof von Florina wartete Vantscho, der Taxifahrer, den ich für uns telefonisch aus Bitola herbestellt hatte, um
uns ans Ziel zu bringen. Für die 35 km lange Fahrt nahm er
20 Euro. Ein griechisches Taxi hätte das Doppelte gekostet.
Für mich verkörperte der etwa 30jährige den typischen, eher
grob schlächtigen Mazedonier, der auch als kleiner Junge selten niedlich aussah. Er war groß, breitschultrig und muskulös,
seine tief schwarzen Haare trug er kurz geschoren. Sein Gesicht mit der kräftigen Nase war grob gezeichnet und sehr
männlich. Vielleicht war Alexander der Große mit solchen ro-
busten Kerlen bis nach Indien und Afghanistan marschiert.
Auch er fragte uns aus, denn Neugier gehört zum mazedonischen Nationalcharakter, und er erzählte auch von sich selbst.
Er war selbständiger Taxiunternehmer, nicht wie so mancher
andere, ein studierter Ingenieur, der Taxi fuhr, weil er keine
Arbeit in seinem Beruf finden konnte. Für seine Inlandsfahr-
ten hatte er einen BMW. Für Griechenland benutzte er einen
nicht als Taxi gekennzeichneten Mercedes Diesel. Damit fuhr
er uns nun Richtung Grenze. Dort durfte er sich aber nicht als
Taxifahrer zu erkennen geben. Sonst konnte es Ärger geben
mit den griechischen Zollbeamten. So sagte Vantscho:
„Wenn man dich fragt, sag bitte, du bist meine Tante!"
„Ok, lieber Neffe. Ich weiß Bescheid." anwortete ich.
Auf diese Art habe ich in Bitola mindestens drei 'Neffen', die
alle Taxifahrer sind. Aber an der Grenze hat mich bisher noch
nie jemand danach gefragt.

Die blinde kleine Seejungfrau

Ab Grenzübergang waren es noch 14 km bis nach Bitola, das wie Florina in der von hohen Bergen umgebenen flachen, fruchtbaren Landschaft Pelagonia liegt. Linker Hand rückten die Höhen des Baba Gebirges näher. Dessen höchster Gipfel, der Pelister, 2600m hoch, wachte zeitlos über der alten Stadt. Wir aber begaben uns auf eine rückwäts gerichtete Zeitreise. Zunächst kamen wir durch eine nagelneue Gewerbezone. Dort schien es vor allem Landmaschinen- und Autohändler zu geben. Am Ortseingang, kurz vor dem historischen Bahnhof, standen die alten, still gelegten Produktionsstätten aus der sozialistischen Tito Zeit, in denen niemand mehr arbeitete.

Dann kamen wir am Stadtpark mit seiner Galerie von Büsten gefallener, junger Helden aus dem Partisanenkrieg des 2. Weltkriegs gegen die Bulgaren vorbei und fuhren dann durch die engen, gewundenen Straßen der Altstadt und auf einer schmalen Brücke über den wie eine holländische Gracht mit hohen Steinmauern gesäumten Dragor, den Fluss, der den Ort in zwei Hälften teilte. An dessen linkem Ufer entlang ging es dann flussaufwärts vorbei an einer Moschee und der alten Markthalle aus der Türkenzeit, dem 'Bezisten', bis zur Abzweigung nach Roma Bair, dem 'Zigeunerviertel'.

"Das ist meine Stadt Bitola! Morgen schauen wir sie uns genauer an, heute machen wir es uns zu Hause gemütlich und lernen meine Gastfamilie kennen. Wenn es weniger heiß ist, können wir gegen Abend ein wenig herumlaufen." sagte ich.

"Einverstanden, aber wir müssen auch noch einkaufen."

"Der griechische Supermarkt in der Innenstadt ist Sonntags bis 16 Uhr geöffnet, und ganz in der Nähe gibt es preisgünstige Restaurants. Dort können wir essen und uns im Fernsehen das Endspiel um die Fußballweltmeisterschaft ansehen."

Hinter einem Sperrmüllkutscher her, der mit seinem, von einem mageren Pferd gezogenen und mit allerlei Krimskrams beladenen flachen Wagen, Hügel aufwärts fuhr. holperte der Mercedes nun die schmale, gewundene Straße nach Roma Bair hinauf. Im Frühjahr war dort eine neue Wasserleitung verlegt worden, doch die aufgerissene Asphaltdecke war noch nicht erneuert. In den Straßen am Fuß des Hügels lebten Mazedonier und Albaner. Danach kam die erste Straße, in der ausschließlich Romafamilien ihre Häuser gebaut hatten.

Dort wohnten wir und das Taxi hielt am Eingangstor in der zur Hochzeit der jüngeren Tochter frisch geweißten Hofmauer und wir stiegen aus. Vantscho half uns mit den Koffern, öffnete das Tor und stellte sie in den Hof.

Dann verabschiedete er sich. In zwei Wochen. Am 23. Juli, sollte er Uschi zum Flughafen Thessaloniki zurückfahren.

Ich selbst wollte bis Ende August bleiben.

Ich hatte kaum Zeit, die in zartem Rosa frisch gestrichene Hausfassade zu bewundern, da kamen auch schon die Hauswirtin, die 42jährige Azra und ihr 17 jähriger Sohn Ahmet heraus und wir umarmten uns. Ich gehörte schon seit mehreren Jahren zur Familie. In dieser Zeit war er vom kleinen Jungen zum athletisch gebauten jungen Mann herangewachsen, der mühelos unsere Koffer die 'Außenbordtreppe' hinauf in den ersten Stock zu meiner kleinen Wohnung schleppte.

Azra war eine tüchtige Frau. Seit dem Tod ihres Mannes vor 16 Jahren hatte sie einen Marktstand und verkaufte preisgünstige Textilien. Mit Hilfe ihrer kleinen Witwenrente und ihrer großen Familie hatte sie ihr Haus gebaut und drei prächtige Kinder groß gezogen. Beide Töchter hatten Abitur. Das war bei den Roma noch nicht selbstverständlich und ich hatte vor ihr den größten Respekt.

Wir gingen nun die Stufen hinauf zur Terrasse und kamen in den kleinen Flur. Links lag das Zimmer der blinden Selma mit ihrem Klavier, rechts die Wohnküche mit den Schlafsofas, auf denen Ahmet und seine Mutter bis zur Heirat der Schwester ihre Nächte verbracht hatten. Nun hatte er im Obergeschoss sein eigenes Zimmer.

Seine Mutter ging sogleich hinein und an den Herd in die Kochnische, um für uns Tee zu kochen. Wir folgten ihr.

Selma, seine 26jährige älteste Schwester, war aufgestanden, um uns zu begrüßen und zu umarmen. Sie hatte neben dem Fernseher auf ihrem Lieblingsplatz gesessen. Von dort konnte sie Programme und Lautstärke entsprechend ihrer Bedürfnisse regeln, wenn sie sich Nachrichten oder Serien anhörte, aber auch das Gerät abschalten, wenn sie Besuch bekam von Verwandten oder Freunden. Sie war zart und klein und reichte mir nur bis zur Schulter. Meine Freundin Uschi war gleich groß, hatte aber ein breites, gut trainiertes muskulöses Kreuz.

„Das ist meine alte Freundin Uschi!" sagte ich.

Aber das brachte Selma zum Kichern und sie fragte:

„Weißt du, was USCHI auf Mazedonisch bedeutet?"

„Ja, das heißt OHREN, aber um sich all meine Geschichten über Mazedonien anzuhören, braucht Uschi große, offene Ohren." erwiderte ich lachend und die Freundin lachte mit.

Nachdem wir uns gesetzt hatten, fragte diese:

„Wo habt ihr euch eigentlich kennen gelernt?"

"Hier in Bitola auf der Abiturfeier von Davids Schwester Silvana." antwortete Selma in fehlerfreiem Deutsch.

„Und wer ist David?"

„Im Herbst 2003 während meines ersten längeren Aufenthalts in Bitola hatte ich mich beim ECMI, dem 'Europäischen Zentrum für Minderheitenangelegenheiten' als Englischlehrerin im Ruhestand vorgestellt und meine Mitarbeit angeboten. So kam ein Kurs zustande, an dem 10 junge Leute teilnahmen. Einer von ihnen war David, ein stattlicher junger Mann von 23, der Sekretär einer Bürgerrechtsorganisation der Roma. Ich fand ihn besonders sympathisch, und das nicht nur, weil er als zwölfjähriger im Ruhrgebiet in eine 'Vorbereitungsklasse für Ausländerkinder' gegangen war und mich an meine Schüler in meiner Vorbereitungsklasse in Berlin erinnerte, sondern auch weil er so dunkelhäutig war wie mein Sohn, der einen afrikanischen Vater hat. Nach meiner Abreise blieben wir in Email Kontakt."

„Wir beide haben uns aber erst im Juni 2004 zum ersten Mal gesehen." sagte Selma.

„Ja!" sagte ich. „Am 1. Juni war ich wieder in Bitola. Am Tag nach meiner Ankunft kam David mich besuchen und lud mich ein zur Abiturfeier seiner Schwester am 5. Juni. Der Englischkurs kam nicht wieder zu Stande. Wir mussten ihn aufgeben, als zu zwei Terminen jeweils nur er und die Sekretärin des ECMI erschienen. Es war einfach viel zu heiß zum Lernen. Dazu war der Sommer nicht da. So feierten wir in seinem Elternhaus Matura."

„Das war eine tolle Party!" schwärmte Selma. „Silvana hatte ihre Familie, ihre Schulfreundinnen, aber auch alle Zeugen Jehovas von Bitola eingeladen."

„Wieso denn die Zeugen Jehovas?" fragte Uschi.

„Sie und ihre Mutter sind Mitglieder der Gemeinde."

„Gibt es viele davon in Bitola?"

„Vielleicht 50 und etwa 1000 in ganz Mazedonien." antwortete Selma und ich sagte:
„Ich kann zwar die Art und Weise, wie sie die Bibel wortwörtlich auslegen, nicht nachvollziehen. Doch ich habe nichts gegen sie. In Afrika habe ich sie als Menschen erlebt, die Geselligkeit lieben und zu feiern verstehen, auch wenn religiöse Feiertage, die nicht in der Bibel stehen, verboten sind. Eine Schulabschlussfeier gehört offenbar nicht dazu."
„In Deutschland sind sie als fanatische Sektierer verschrien." sagte Uschi, doch ich erwiderte:
„Hier sind sie bei den Roma sehr beliebt, Vielleicht, weil ihnen der Gedanke gefällt, zu den Auserwählten zu gehören."
„Sonst sind wir ja immer die Ausgestoßenen, die Verdammten. Viele Roma glauben sogar selbst, dass sie verflucht wurden, weil sie die Nägel schmiedeten, mit denen Jesus Christus ans Kreuz geschlagen wurde." meinte Selma mit ein wenig ironischem Unterton.
"Wer hat dir das erzählt?" fragte ich.
"Das war mein Großvater." antwortete die Blinde und Uschi wollte wissen, ob sie denn zur Gemeinde der Zeugen Jehovas gehörte. Doch Selma protestierte: „Nein, Silvana und ich sind nur gute Freundinnen. Ich bin Muslima."
„Die Gäste auf dem Fest waren nette Leute." sagte ich. "Sie verteilten sich über die beiden Räume des kleinen Hauses oder saßen auf der überdachten Terrasse. Die Musik kam aus der Stereoanlage und in dem schmalen Vorgarten unter den blühenden Rosenbüschen wurde getanzt, jedoch nicht paarweise, man hielt sich an den Händen und tanzte im Kreis, wobei sich der oft zum Oval und auf die Straße ausweitete."
„Hast du mitgetanzt?"

„Ja, natürlich, Ich habe immer gern getanzt und die Schritt-
folgen des mazedonischen ‚Oro', hatte ich bald so weit begriffen, dass ich mithalten konnte. Der schnellere ‚Tschotschek'
der Roma machte mir aber Probleme und so ging ich ins
Haus, um mir etwas zu trinken zu holen. Dort in der Wohnküche kümmerte sich Silvana um ihre Gäste. Selma saß auf
der Couch und leistete ihr Gesellschaft. So wurden wir einander vorgestellt."

„Erinnerst du dich noch an den ersten Eindruck, den du von
mir hattest?" wollte Selma wissen. Sie liebte direkte Fragen.

„Ja, du warst klein und zierlich, sahst eher aus wie 15 als wie
20. Dein leicht gebräntes Gesicht umrahmte dunkles langes
Haar, das zum Abiturfest durch ein paar blonde Strähnchen
aufgehellt worden war, und du hattest wunderschöne, große
Augen. Deine Blindheit erkannte ich nur daran, dass du mich
nicht direkt ansahst, sondern den Blick meist gesenkt hieltest.
Später erzähltest du mir, dass die Ärzte festgestellt hätten,
dass mit deinen Augen alles in Ordnung sei, nur die Verbindung zum Gehirn funktioniere nicht."

„Bei dieser ersten Begegnung sprachen wir nur wenig miteinander." sagte Selma. "Dein Serbisch reichte nicht weit, ich
hatte es in der Schule nicht mehr gelernt und konnte weder
Englisch noch Deutsch, doch ich gab dir irgendwie zu verstehen, dass ich in Skopje die achtjährige Grundschule für Blinde besucht, dort im Internat gelebt und dann in Bitola das
Musikgymnasium absolviert hatte."

„Du hast mir auch erzählt, dass du Klavier spielst."

„Wie hast du denn so gut Deutsch gelernt, Selma?" fragte
Uschi. Doch ich antwortete an ihrer Stelle:

„Nach unserem Gespräch ging ich wieder hinaus in den Garten, um weiter zu tanzen. Dabei machte ich die Bekanntschaft

ihrer Mutter Azra. Nach dem Fest besuchte ich ihre Familie. Selma saß perspektivlos zu Hause und blies Trübsal, obwohl sie gerade ihr Abitur bestanden hatte. Ich lud sie zu einem Spaziergang durch die schöne alte Stadt Bitola ein und entdeckte im Gespräch ihre intellektuellen Bedürfnisse, die sie nicht befriedigen konnte, da es in Mazedonien kaum Hörbücher gab und auch keine Blindenbibliothek. Die gibt es in Belgrad, Zagreb und Sarajevo in Serbo-Kroatisch, doch sie gehört zur ersten Generation der Schüler, die nach der Unabhängigkeit Mazedoniens die ehemalige offizielle Landessprache Jugoslawiens nicht mehr gelernt hat. Ihre Muttersprache ist Mazedonisch, wie die von allen Roma in Bitola. Romani, ihre indische Muttersprache ist hier in Vergessenheit geraten."
„Mein verstorbener Großvater sprach fließend Romani, aber für mich ist Mazedonisch die schönste aller Sprachen, denn durch sie habe ich Zugang zur Welt der Phantasie."
„Für mich war ein Leben ohne Bücher unvorstellbar." erzählte ich weiter. "So überlegte ich zusammen mit David, Silvanas Bruder von der Bürgerrechtsorganisation, was zu tun sei, und er erklärte sich bereit, für Selma vorzulesen. Wir fanden ein Studio bei Radio Bitola und nahmen zwei CDs auf, Kurzgeschichten von Bocchaccio und von Anton Tschechow. Als die Aufnahmen fertig waren, hörte sie sich die Geschichten aufmerksam an, bedankte sich herzlich bei uns und legte sie zur Seite. Das war alles. Da wurde mir klar, dass es viel zu aufwendig sein würde, eigens für sie eine Hörbibliothek zu schaffen. Da ich inzwischen ihr hervorragendes Gedächtnis und ihr Talent für Fremdsprachen bemerkt hatte, schlug ich ihr vor, ihr Deutsch beizubringen, damit sie in absehbarer Zeit deutsche Blindenbibliotheken nutzen konnte."

„Im Mai 2005 haben wir mit dem Unterricht angefangen und seitdem bist du meine beste Freundin geworden." sagte Selma und ich fügte hinzu: „Ich komme jedes Jahr für mehrere Monate nach Bitola, nehme am Alltagsleben der Familie teil und mache mit Selma Deutschunterricht. Dafür habe ich von ihr Mazedonisch gelernt."

„Du sprichst es sehr gut und wir können uns jetzt abwechselnd in meiner Muttersprache oder auf Deutsch über Land und Leute, Sitten und Gebräuche der Roma unterhalten."

"Ist Mazedonisch so ähnlich wie Serbo-Kroatisch?"

"Ja, das Vokabular ist ähnlich, aber die Grammatik ist anders, eher wie im Bulgarischen. Es hat keine Deklinationen, keinen Dativ oder Akkusativ, dafür aber die Artikel 'ot, ta, to', te, die an die Nomen angehängt werden. Wenn man es zum ersten Mal hört, klingt es wie Maschinengewehrfeuer." erläutertete ich und Uschi sagte: "Ja, genauso klingt es auch für mich."

„Wie lange hat es gedauert, bis du gut genug Deutsch konntest, Selma?" fragte sie dann.

„Etwas über zwei Jahre. Seit dem Herbst 2007 bin ich Nutzerin der Berliner Blindenhörbücherei und habe jetzt schon über 200 Bücher ausgeliehen."

„Toll! Warst du schon mal in Deutschland?"

„Ja, zweimal war ich für einige Wochen bei Lilli in Berlin, habe dort einen Intensiv Deutschkurs an der Volkshochschule gemacht und im Jahr darauf drei Monate lang die Blindenschule in Berlin-Steglitz besucht. Dort habe ich auch Bücher in Punktschrift gefunden."

„Punktschrift?" fragte Uschi, und Selma erklärte:

„Die von dem Franzosen Louis Braille entwickelte, internationale Blindenschrift. Die habe ich in der Schule gelernt."

„Welche Autoren magst du am liebsten?"

„Im Moment höre ich gerade die gesammelten Werke des Brasilianers Jorge Amado. Er schildert die Lebenswelt der Schwarzen in Bahia, die unserer Romakultur sehr ähnlich ist. Anfangs jedoch mochte ich die Geschichten von Hans Christian Andersen am liebsten. Ganz besonders gefällt mir bis jetzt das Märchen von der kleinen Seejungfrau."

„Das ist eine traurige Geschichte. Warum gefällt sie dir so?"

„Weil ich wie die Seejungfrau bin. Mein Fischschwanz ist die Blindheit." sagte Selma mit von Tränen erstickter Stimme.

Ich fand Selbstmitleid gefährlich und fügte etwas spöttisch hinzu: „Ja, ihr schöner Märchenprinz darf sie nicht heiraten, weil seine Eltern keine Blinde wollen."

„Wer ist denn dieser junge Mann?" fragte Uschi und Selma sagte: „Ich habe ihn vor fünf Jahren bei einer Schulfreundin in Tetovo kennen gelernt. Dann hat er mich hier in Bitola besucht. Bis heute ruft er mich regelmäßig an."

„Er passt eigentlich wunderbar zu ihr." fügte ich hinzu. „Wie sie stammt er aus einer muslimischen Romafamilie und macht Musik, und er hat soeben sein Germanistik Studium an der Universität Tetovo abgeschlossen."

„Ja, man bekommt im Leben nicht immer alles, was man sich wünscht." sagte Uschi und seufzte.

Sie wusste, wovon sie redete.

Unsere Ankunft hatte sich herumgesprochen und nun kam Besuch aus der Nachbarschaft, zuerst zwei kleine Mädchen, die 9jährige Sekija, Tochter von Selmas jüngster Tante Nura, zusammen mit der 7jährigen Maja, der Tochter ihrer Halbschwester Esma. Auch ihre jüngeren Cousins ließen nicht lange auf sich warten, Bajram, 16, der älteste Sohn ihres Onkels Asm, der sich in den letzten Jahren zu einem virtuosen Klarinettisten entwickelt hatte, und dessen jüngerer Bruder Emin, die ihre kleine Schwester Sebihan im Schlepptau hatten, und Sekijas Halbbruder Djengiz, 15, den alle seit den Wahlen in Amerika wegen seiner dunklen Hautfarbe nur noch 'Obama' nannten und der nicht wusstc, ob cr sich darüber ärgern oder eher geschmeichelt fühlen sollte.

„Wie du siehst, ist die Familie ziemlich groß. Selmas Mutter hat zwei Brüder und vier Schwestern. Außer der ältesten, die in Belgrad verheiratet ist, aber oft hierher kommt, wohnen alle in der Nähe in Roma Bair, und besuchen sich regelmäßig. Zudem gibt es noch Verwandtschaft aus der ersten Ehe ihres Mannes. Aber die jüngere Generation hat nicht mehr sieben Kinder, wie Azras Eltern, sondern nur noch drei." sagte ich.

„Hast du denn hier deine Ruhe?" fragte Uschi besorgt.

„Ja, zu mir kommen nur manchmal die kleinen Mädchen, und die sind sehr lieb und höflich. Die anderen wissen, dass ich beim Schreiben nicht gestört werden will. Wenn ich Gesellschaft wünsche, gehe ich hinunter und besuche Selma oder setze mich im Wohnzimmer zur Familie."

Dann gingen wir die Betontreppe hinauf, was Uschi auch mit ihren zwei Krücken gut schaffte und in meine kleine Wohnung. Sie sollte in Ahmets Zimmer gegenüber von meinem schlafen. Er würde so lange wieder zu seiner Mutter in die Wohnküche ziehen und dafür etwas Taschengeld bekommen. Nachdem sie mein Zimmer mit den einfachen Möbeln, die von einem Tischler aus der Nachbarschaft angefertigt worden waren, begutachtet hatte, sagte sie:

„Ich bin hungrig. Wo können wir essen?"

„Selma wird uns telefonisch ein Taxi bestellen, das bringt uns für 30 Denar, das sind 50 Eurocent, in die Innenstadt zum Café Korso. Dort gibt es für einen Euro einen großen Salatteller und viele andere leckere und preisgünstige Speisen."

„Das hört sich gut an. Aber danach müssen wir einkaufen, denn dein Kühlschrank ist leer."

„Keine Sorge! Das schaffen wir noch vor 16 Uhr."

Den Rundgang durch Roma-Bair schafften wir am diesem Sonntagnachmittag nicht. Dazu war es einfach zu heiß. Stattdessen ruhten wir uns nach dem Mittagessen und dem Einkaufen ein wenig aus und fuhren dann wieder in die Stadt. Im 'KusKus', einem Restaurant, dass einer französisch-mazedonischen Familie gehörte, die ich durch den Französisch Club der Alliance Française kannte, aßen wir zu Abend und schauten uns dabei das Endspiel der Fußballweltmeisterschaft an. Alle gönnten der spanischen Nationalmannschaft ihren Sieg.

Bitola, mon amour

Am nächsten Tag hatten wir Zeit für die Besichtigung der Innenstadt von Bitola, die zur Türkenzeit Monastir hieß.

„Das kommt von Monasterium, Kloster, wie der Name von Münster, der Stadt in der ich geboren wurde." sagte ich.

„Offenbar gehörst du hierher." sagte Uschi.

Wir ließen uns wieder für 30 Denar mit dem Taxi absetzen, diesmal am Saat Kula, dem Uhrturm, der seit dem 18. Jahrhundert den Muslimen von Monastir die Zeit angab, zu der sie ihre Pflichtgebete verrichten sollten. In der gepflegten kleinen Gartenanlage standen Bänke für müde Spaziergänger. Wir setzten uns und blickten uns um.

"Die Moschee dort gegenüber ist jetzt eine Kunstgalerie, aber die auf der anderen Seite des Flusses wird noch als Gebetshaus genutzt und von ihrem Minarett erklingt wieder fünf Mal am Tag der Ruf zum Gebet, allerdings nur sehr leise. Trotzdem erinnert mich das an meine letzten Jahre in Afrika, in der kleinen Stadt Anyama, wo dieser Ruf, durch Lautsprecher verstärkt, den Rhythmus des Alltags bestimmte."

Als ich an den beiden spitzen Minaretten vorbeischaute auf die Hügel von Bair über der Stadt, dachte ich an den Waldbrand, der im Juli 2007 den nächtlichen Himmel dahinter dramatisch erleuchtet hatte. Wir hatten auf gepackten Koffern gesessen, denn wenn der Wind gedreht hätte, wäre das ganze dicht bebaute Bair abgebrannt. Aber er hatte vom Feuer weggeweht und die Richtung nicht gewechselt.

Wir erhoben uns von unserer Bank und gingen langsam weiter nach rechts, hinüber zur Touristeninformation in einem kleinen, alten, rosa gestrichenen Haus, und ich sagte:

"Das ist das ehemalige private Richard Wagner Museum."
"Warum Richard Wagner? War der jemals in Bitola?"
"Nein, aber Dimitri Lale, ein einheimischer Komponist und Kapellmeister, hat für Richard Wagner in Bayreuth gearbeitet und dessen Urgroßneffe kümmerte sich bis zu seinem Tod 2004 um seinen Nachlass und das Museum. Dimitri Lale soll der Geliebte von Frau Cosima Wagner gewesen sein. Das halte ich aber für üble Nachrede, 'Tratsch'. Das ist übrigens ein mazedonisches Wort und hat hier die gleiche Bedeutung wie im Deutschen." erwiderte ich.

Im Büro bekamen wir das Programm des Bitola Sommerfestivals, dann steuerten wir durch die kleine Parkanlage hindurch auf den Magnolia Platz zu, der von formschönen Gebäuden aus verschiedenen Epochen bis in die Moderne gesäumt war. Eines davon war das 'Magaza', ein einzigartiges Kleinod, das Jahrzehnte lang von einem schäbigen Ladenlokal verdeckt gewesen war. Als das abgerissen wurde, kam dahinter, wie Dornröschens Schloss hinter der Hecke, ein wunderschönes zweigeschossiges Gebäude aus Naturstein zum Vorschein, das mich an venezianische Architektur in Dalmatien erinnerte. Jetzt diente es als Kunstgalerie. An Stelle des abgerissenen Ladens war ein italienischer Vorhof mit Brunnen angelegt worden, in dem im Sommer Freiluftkonzerte stattfanden.

Vom 'Magaza' aus wandten wir uns nach rechts und gingen hinein in den Schirok Sokak mit all den schönen Häusern aus der Blütezeit Monastirs im 18. und 19. Jahrhundert.

"Gleich bei meinem ersten Besuch zu Ostern 2003 habe ich mich in diese Stadt verliebt und beschlossen, wiederzukommen. Sie ist altes Europa und Morgenland zugleich und mit ihren schönen alten Häusern träumt sie von ihrer glorreichen Vergangenheit als Mittlerin zwischen Orient und Okzident."

"Wie kam Monastir denn zu dieser Mittlerrolle?"

"Bitola-Monastir und die antike Stadt Heraklea Linkestis, ihre Vorgängerin, liegen an der Via Egnatia, der alten Handelsstraße, die bereits zur Zeit der Römer von der Küste des Adriatischen Meeres im heutigen Albanien über Ohrid und Thessaloniki bis nach Konstantinopel führte."

"Gibt es noch Spuren von Heraklea?" fragte Uschi.

"Oh ja. Am Ortsausgang zeugen bis heute die Reste einer Basilika mit prachtvollen Bodenmosaiken und ein halb restauriertes Amphitheater von dieser bewegten Zeit. Nachdem sie im 3. Jahrhundert von den Goten geplündert und in Brand gesteckt worden worden war, wurde die antike Stadt im 6. Jahrhundert, als sie bereits christlich war, durch ein schweres Erdbeben zerstört und später hier wieder aufgebaut."

„Wer herrschte denn zu jener Zeit über die Stadt?"

„Damals war sie byzantinisch, es folgten bulgarische und serbische Herrscher, dann war sie wieder eine Zeit lang byzantinisch bis ganz Mazedonien ab 1371 für über 500 Jahre unter osmanische Oberhoheit fiel."

"War das eine schwierige Zeit?" fragte Uschi.

"Ich glaube für Monastir nicht. Im 18. und 19. Jahrhundert wurde der Ort zu einer bedeutenden Handelsstadt, wo nicht nur die Ziegenhirten und die Schäfer aus den Bergen die Milch, den Käse und die Wolle ihrer auf den Hängen weidenden Tiere zum Kauf anboten und die einheimischen Imker den Honig und das Wachs ihrer Bienenvölker auf den Markt brachten, sondern wo auch Waren aller Art aus ganz Europa und dem Orient umgeschlagen wurden, die noch bis ins 20. Jahrhundert hinein von Kamelkarawanen, aber nach 1894 vor allem mit der Eisenbahn transportiert wurden."

„Gern hätte ich so ein Kamelkarawane gesehen!" sagte Uschi.

„Ab 1835 herrschte in Monastir, der nach Konstantinopel und Thessaloniki drittgrössten Stadt des europäischen Teils des Türkenreiches, reges Leben. Es wurde zur Hauptstadt eines osmanischen Regierungsbezirks, eines Wilajet, und ein Stützpunkt der Armee des Sultans. Eine Militärakademie wurde gegründet, auf der auch Mustafa Kemal Atatürk, der Vater der modernen Türkei, studierte. Er war 1881 in Thessaloniki geboren. In Monastir verliebte er sich in die junge Griechin Eleni Karinte, die in ihm die Liebe zu europäischer Lebensart geweckt haben soll."

„Wer bevölkerte die Stadt? Türken? Mazedonier?"

„Nicht nur die. Hinzu kamen sephardische Juden, deren Vorfahren 1492 nach der Rückeroberung des maurischen Granada von Spaniens katholischen Königen des Landes verwiesen worden waren, und Aufnahme im Osmanischen Reich gefunden hatten, und später viele Zuwanderer aus den nahen slawischen Dörfern, aber auch aus dem heutigen Nordgriechenland und aus Albanien, unter ihnen viele Arumani-Wlachen, die als Nachfahren von Veteranen der fünften römischen Legion gelten, die sich vor langer Zeit in der Gegend niedergelassen und die Via Egnatia bewacht hatten. Nach 1878 gelangten auch Flüchtlinge aus den von der Türkenherrschaft befreiten serbischen und bosnischen Gebieten nach Monastir und fanden dort eine neue Heimat."

"Das war ja ein buntes Völkergemisch!"

"Ja, und ergänzt wurde es durch dunkelhäutige Roma, die sich nach Jahrhunderte langer Wanderung am Stadtrand niederließen, dort wo viele ihrer Landsleute schon seit dem Mittelalter ansässig waren und als Schmiede, Kesselflicker, Holzschnitzer, Korbflechter oder Lastenträger ihr Brot verdienten, aber auch als wandernde Musiker, Landarbeiter und Viehhirten."

„Über die Roma musst du mir später noch mehr erzählen. Wer hat denn die Häuser am Korso erbaut?"

„Es waren die reichen Händlerfamilien der Stadt, die hier entlang dem Schirok Sokak, der Hauptstraße, und anderswo im Stadtzentrum ihre Wohn- und Geschäftshäuser errichteten. Alle wichtigen europäischen Staaten eröffneten Konsulate und erbauten Villen im französischen, italienischen oder österreich-ungarischen Stil. Bis heute nennt man daher Bitola die Stadt der Konsuln."

Wir begannen unseren Spaziergang über die etwa einen Kilometer lange Hauptstraße der Stadt. Die meisten Fassaden der stattlichen, mit Stuck verzierten alten Gebäude waren frisch renoviert und in verschiedenen Farben gestrichen, Dafür hatte der Bürgermeister die nötigen Geldmittel gefunden und auch sonst in der Stadt viel für deren Verschönerung getan. Er war Schauspieler von Beruf, und offenbar ein Ästhet.

In den Nebenstraßen, in die wir hineinschauten, hatten Bürger mit geringerem Einkommen sich ihre Häuser gebaut, nur kleiner und bescheidener. Doch für mich waren es lauter Traumhäuser, auch wenn viele noch in schlechtem Zustand waren, da die jetzigen Besitzer es sich nicht leisten konnen, sie zu restaurieren. Bei meinen früheren Besuchen hatte ich mir fast jeden Tag ein anderes ausgesucht und davon geträumt, genug Geld zu haben, es zu renovieren. So etwas hatte mir in meiner ausgebombten westfälischen Heimatstadt und in Afrika gefehlt. Dort war alles viel zu neu.

Wir waren vor dem Supermarkt angekommen, in dem wir am Tag zuvor eingekauft hatten. Am Eingang saß eine alte Romafrau und bettelte Segenswünsche murmelnd um ein paar Denar. Sowohl Uschi als auch ich zogen es vor, auf andere Art als durch Almosen zu helfen, und beachteten sie nicht.

"In dem eleganten Haus mit der frisch gestrichenen pastell-grünen Fassade auf der anderen Straßenseite soll der französische Kaiser Napoleon III. auf seiner Reise zum Staatsbesuch beim Sultan Abdul Aziz in Istanbul übernachtet haben." erklärte ich. "Jetzt wohnt der Architekt Ljuptscho A. mit seiner Familie darin. Ich bin mit dessen Mutter Hrisula gut befreundet. Sie schwärmt mir immer von ihren jüdischen Klassenkameraden von der Handelsakademie vor, die sie vor dem Krieg besucht hat."
"Warum erzählt sie ausgerechnet dir davon?"
"Ich habe hier im Dezember 2003 einen Diavortrag über das Jüdische Museum in Berlin gehalten. Seitdem glaubt man, ich sei eine Spezialistin für das Judentum."
"Gibt es heute noch Juden in Bitola?"
„Einen einzigen soll es noch geben, den Sohn einer Jüdin und eines Türken. Im 2. Weltkrieg besetzte die Deutsche Wehrmacht Mazedonien. Nach sechs Wochen jedoch übergab sie es an die mit ihr verbündeten Bulgaren und zog weiter nach Griechenland. Trotzdem wurden am 11. März 1943 mehr als 3200 Juden aus Bitola vom Sicherheitsdienst festgenommen, in Viehwaggons ins Vernichtungslager Treblinka deportiert und ermordet. Die etwa 1000, die mit dem Leben davonkamen, weil sie gerade in Bulgarien waren, wo die Juden nicht an die Deutschen ausgeliefert wurden, oder zur rechten Zeit zu den Partisanen in die Berge geflohen waren, gingen später in andere Teile des Landes oder wanderten aus nach Israel und nach Nord- und Südamerika."
Stumm gingen wir weiter den Korso entlang, Uschi auf ihren zwei Krücken hielt sich tapfer, bis zur kleinen weißen katholischen Kirche mit dem spitzen Turm, die in einer Reihe mitten zwischen den Kauf- und Wohnhäusern stand.

Dort fragte sie: „Wann wurde denn diese Kirche gebaut?"

„Nach 1850 kamen hier nach Monastir französische Lazaristen. In der weltoffenen Athmosphäre der Spätzeit der Osmanischen Herrschaft erbauten sie diese katholischc Kirche und dekorierten sie mit einem aus Holz geschnitzten Hochaltar aus Bayern und bunt bemalten Heiligenfiguren aus Frankreich. Möchtest du sie sehen?"

"Ja, gern!" sagte Uschi, aber die Tür war verschlossen und wir konnten nicht hinein.

"In einer Seitenstraße gründeten die Lazaristen eine französische Grundschule und ein Gymnasium, in die vor allem die Arumani-Wlachen und die Ladino sprechenden Juden bis zum 2. Weltkrieg, fast 100 Jahre lang, ihre Kinder schickten, denn ihre Muttersprachen sind romanischen Ursprungs und mit dem Französischen verwandt. Zur selben Zeit entstanden neben den Moscheen in der Stara Čaršija, der Altstadt, hier am anderen Ufer des Dragor, mehrere orthodoxe Kirchen. Die des heiligen Demetrius, des Schutzpatrons der Stadt, liegt in einer Parallelstraße zum Korso." erklärte ich.

Wir waren nun am Kulturhaus angekommen, vor dem die überlebensgroße Statue von Milton Manaki im Straßenanzug mit einem überdimensionalen Apparat an den ersten Kameramann des Balkans und Filmpionier erinnerte. Er hatte nach 1920, zusammen mit seinem Bruder, dort wo jetzt das Café Korso steht, das erste Kino auf dem Balkan gebaut. Das war später abgebrannt und nicht wieder aufgebaut worden. Zu Ehren der Brüder, die zur Minderheit der Wlachen gehörten, organisierte die Stadt jedes Jahr im Herbst das Manaki Festival, auf dem die besten Kameraleute ausgezeichnet wurden.

"Ich finde, das Kulturhaus mit den vielen Fenstern aus dunklem Glas ist einer der wenigen, gelungenen modernen Bauten von Bitola." sagte ich. "Es steht an der Stelle des alten Theaters, in dem schon Sarah Bernhard aus Paris auftrat."

Wir folgten dem Korso in Richtung Stadtpark, als Uschi ausrief: "Schau mal, das Haus dort an der Ecke hat einen Davidstern im Balkongitter! Es muss jüdisch gewesen sein."

Dahinter lag das Café Korso und wir ließen uns dort nieder. Am Eingang hatte man 2005 zum 25. Todestag von Marschall Tito in einem Blumenbeet seine vergoldete Büste aufgestellt.

"Warum wird er immer noch so verehrt?" fragte Uschi, nachdem man uns etwas zu trinken serviert hatte, und ich sagte:

„Durch ihn wurde im Jahr 1944 die Republik Mazedonien als Teil der jugoslawischen Föderation geschaffen. Er war also der Geburtshelfer der Nation. Vielen erscheint seine lange Herrschaft jetzt wie das verlorene 'Goldene Zeitalter'. Der Schirok Sokak heißt deshalb bis heute offiziell noch immer 'Bulevar Marschall Tito', und wenn ich erzähle, dass ich ihn 1961 gesehen habe, als er mit dem Präsidenten von Ghana im offenen Wagen durch die Straßen von Belgrad fuhr und sich bejubeln ließ, sind alle gerührt. Leider ließen zu seiner Zeit sozialistische Stadtverwaltungen in ihrer Traditionsfeindlichkeit viele der schönen Bürgerhäuser in der Altstadt von Bitola abreißen und durch hässliche Neubauten ersetzen. Damit muss die Stadt jetzt leben. Aber sicher wird der Bürgermeister bald eine Lösung finden."

Auf dem Rückweg zum Uhrturm bogen wir nach links ab in die Straße hinein, an der die Universitätsbibliothek lag und schauten auf eines der ältesten Häuser der Stadt, einen großen Kasten in schlichtem, dunklem Fachwerk, mit erdbraunen Füllungen und vorspringendem Obergeschoss.

„Das war lange mein Lieblingsbau. Früher hat dort vielleicht ein türkischer Bey oder Pascha gewohnt, der am Freitag in eine der zahlreichen Moscheen Monastirs zum öffentlichen Gebet gegangen oder geritten ist. Eine von ihnen, die im ersten Weltkrieg beschädigte Yahdar Kadi Moschee in der Stara Čaršija, der türkischen Altstadt, soll von dem berühmten osmanischen Baumeister Sinan Pascha stammen, der zur Zeit von Sultan Suleyman dem Prächtigen im 16. Jahrhundert die schönsten Moscheen und andere Gebäude in Edirne und Istanbul errichtete." schwärmte ich.

„In welchem Zustand sind hier die Moscheen heute?"

„Einige sind restauriert und in gutem Zustand, doch kaum eine dient noch als Bethaus, sondern als Kunstgalerie, wie du gesehen hast, oder sogar als Warenlager oder Garage. Von einigen der Minarette ist vor einigen Jahren bei einem Erdbeben die Spitze abgestürzt, und sie erinnern jetzt an Palmen in der afrikanischen Savanne, denen ein Sturm die Krone weggerissen hat und die nun kopflos in den Himmel ragen."

Wir wanderten langsam in die Straße hinein, an der die ebenfalls nach 1850 erbaute orthodoxe Kirche des Heiligen Demetrius lag. Hinein wollten wir heute nicht, dazu waren wir zu müde, doch ich hatte noch einen Kommentar dazu:

"Die türkischen Behörden erlaubten es den Christen damals nicht, höher zu bauen als die Moscheen waren. So gruben sie ihre Kirche in die Erde hinein, und man geht nun mehrere Stufen hinunter in den hohen Altarraum mit der Ikonostase, statt wie anderswo hinauf."

"Es ist alles schon mal dagewesen, wie die Philosophen sagen. Auch in Deutschland will man nicht, dass die neuen Moscheen mit ihren Minaretten höher gebaut werden als die Kirchen mit ihren Kirchtürmen." sagte Uschi und lachte wieder einmal herzlich über die Absurditäten der Menschheit.

Der richtige Name

Am Abend wollte Uschi für uns ein französisches Eintopfgericht, eine 'Ratatouille Niçoise' kochen. Sie war oft in Frankreich und hatte an der Cote d'Azur eine kleine Ferienwohnung. So gingen wir noch einmal einkaufen, dieses Mal auf dem Markt. Da Bitola in einem fruchtbaren Obst-und Gemüseanbaugebiet liegt, in einem Land, in dem Milch und Honig fließen, gab es alles in Hülle und Fülle, orientalisch bunt, aber auf ordentlich aneinandergereihten Markttischen aus Beton. Die Stadtverwaltung sorgte dafür, dass die Standgebühren regelmäßig gezahlt wurden.

Doch 3000 Denar, 50 Euro, im Monat seien viel zu viel für die Marktfrauen, klagte Selmas Mutter Azra.

Während wir alle das gute Essen genossen, auch Ahmet war dabei, fragte Azra besorgt, ob denn das Herumlaufen in der Stadt für Uschi nicht viel zu anstrengend gewesen sei und schlug vor, dass wir uns für den Rundgang durch das hügelige Bair den Rollstuhl ihrer Schwester Mirem ausleihen sollten.

"Ich werde sie anrufen und fragen." sagte sie.

"Danke, das ist eine sehr gute Idee!" sagte Uschi, die ich schon im Rollstuhl durch das Pergamonmuseum in Berlin geschoben hatte. Zum Schluss blieb nur Selma zurück und wir mussten unser Gespräch nicht mehr übersetzen.

„Darf man eigentlich zu dir 'Zigeunerin' sagen?" fragte Uschi genau so direkt, wie Selma selbst oft war.

„Mich stört das nicht. Mein Großvater hat mir beigebracht, stolz zu sein auf meine Zigeunerkultur, darauf, dass ich eine Ziganka, bin." sagte sie, doch ich fügte hinzu:

'Die 'Internationale Romani Union' hat auf ihrem Gründungs-
kongress im April 1971 in London beschlossen, dass sie in
Zukunft nicht mehr Zigeuner, Zigani oder Gypsies genannt
werden wollen, sondern nur noch mit ihrem eigenen Namen,
Sinti für die aus Italien und dem deutschsprachigen Raum,
Roma für die vom Balkan und aus dem sonstigen Osteuropa."
„Ja, ich weiß, dass man Sinti und Roma sagen soll und nicht
Zigeuner." bemerkte Uschi etwas pikiert.
„Die Namen, unter denen man die Roma kennt, rufen negati-
ve Assoziationen hervor, die an ihnen kleben wie ein Fluch.
Anscheinend hat der Namenswechsel aber nicht ausgereicht,
um die alten Vorstellungen abzuschaffen. Sie werden einfach
auf den neuen Namen übertragen. So wurde ich kürzlich in
einem Kreuzworträtsel nach einem Wort mit vier Buchstaben
für 'fahrendes Volk' gefragt. Die Antwort lautete ‚ROMA',
dabei sind die oft schon seit dem Mittelalter, spätestens aber
seit der zweiten Hälfte des 20. Jahrhunderts sesshaft."
„Noch aber gibt es 'fahrendes Volk', wandte Uschi ein.
„Ja, aber nicht mehr viele und immer wenn ich von meinen
positiven Erfahrungen mit den Roma in Mazedonien erzähle,
bekomme ich Gegenbeispiele zu hören, und dass die Vorurteile eben doch berechtigt seien. Man urteilt nämlich von den
eigenen Wertvorstellungen her, vergisst aber, dass eine Minderheit, die seit Jahrhunderten verfolgt und verjagt wurde,
Überlebensstrategien entwickeln musste, die diesen Wertvorstellungen nicht immer entsprechen. Doch auch wenn sie weder betteln noch stehlen und penibel sauber sind, müssen sich
Sinti und Roma vielfältige Diskriminierungen gefallen lassen,
denn uralte Vorurteile sind sehr zählebig."
„Es gibt ja auch den romantischen 'Zigeunerbaron' von Jo-
hann Strauß und die heißblütige, leidenschaftliche Zigeunerin

Carmen aus der Oper von Bizet." meinte Uschi und ich fügte hinzu: „Ja, und diese Clichés werden von der Unterhaltungsindustrie und vom Tourismus verkaufsfördernd ausgeschlachtet. So steckt auch das Bild vom glutäugigen Zigeunerjungen am lodernden Lagerfeuer oder das vom feurigen Zigeunergeiger noch immer fest in den Köpfen."

„Was sagt man in Mazedonien?" fragte Uschi.

„Hier in Bitola nennen wir uns Roma, Der Singular ROM bedeutet in der Romani Sprache einfach nur 'Mensch' oder 'Mann'. die Serben sagen, 'Cigani' und die Mazedonier 'Dschuptzi.' erklärte Selma und ich fügte hinzu:

„Das kommt offenbar von 'Ägypter', weil man sehr lange geglaubt hat, dass die Roma aus Ägypten stammten. Jetzt erst weiß man sicher, dass sie ursprünglich aus Indien kamen. Das haben Sprachforscher bewiesen. Anderswo in Europa sind aus vermeintlichen Ägyptern 'Gypsies' oder 'Gitanos' geworden. Der Name 'Dschuptzi' erinnert hier allerdings klanglich stark an 'Dschubre', das mazedonische Wort für Müll, und Abfallentsorgung gehört bis heute zu den Aufgaben einiger Roma Familien hier in Bair. Täglich sieht man die Müllkutscher mit ihren Sperrmüll beladenen Pferdewagen hier vorbeifahren. Sie können ihre indische Herkunft nur schwer verleugnen, denn sie sind meistens besonders dunkelhäutig, ein Zeichen dafür, dass sich ihre Vorfahren weniger als andere Teile der Roma Bevölkerung mit den Einheimischen vermischt haben. Viele von ihnen wohnen in Hütten aus Abfallholz und Plastikplanen ganz oben am Hang. Dort sind auch die Ställe und die Weideplätze für ihre Pferde. Irgendwo da oben muss auch der Sperrmüllplatz sein. Für viele Mazedonier, die nie einen Fuß nach Roma Bair hinein gesetzt haben, erscheinen sie als der Archetyp des schmutzigen 'Dschuptin'. Daher ist dieser Name, stärker noch als das serbische 'Ciganin' ein Schimpfwort. Trotzdem wird es häufig benutzt, auch, aber meist ironisch gemeint, von den Roma selbst."

„Stimmt das, Selma?" fragte Uschi.

„Ja, aber wir schießen zurück und sagen 'Kauri' zu den Mazedoniern." antwortete Selma.

„Was bedeutet denn das?"

„Das bedeutet Ungläubige, und das ist ein Schimpfname, den ich aus den Abenteuerromanen von Karl May als „Giaour" kenne." sagte ich. Schimpfwörter gehörten hier auch bei Gebildeten viel mehr zur Umgangssprache, als zum Beispiel im bäuerlichen, katholischen Münsterland, meinem Ursprungsmilieu. Ich fluchte höchstens mal „Verflixt und zugenäht", während Selma, das zarte Püppchen, gern ihrem Ärger mit einem saftigen Fluch Luft machte, so wie es meine verstorbene serbische Freundin Marina aus Novi Sad oft getan hatte.

„Die Kauri, die orthodoxen Christen hier, bezeichnen sich selbst als 'Pravo Slavni', das heißt Rechtgläubige. Aber ich habe nicht den Eindruck, dass die 'rechtgläubigen' slawischen Mazedonier eine Kreuzfahrermentalität haben, und auch der religiöse Eifer der muslimischen Roma hält sich in Grenzen. Sie leben friedlich nebeneinander her, wenn auch kaum miteinander, höchstens am Arbeitsplatz oder auf dem Markt."

„Wie ist es denn den Roma hier während des 2. Weltkriegs ergangen. Hat dein Großvater dir davon erzählt?"

"Die Deutschen waren manchmal ganz korrekt, aber die Bulgaren waren schlimm. Gegen sie haben viele Roma als Partisanen ggekämpft. Hier in Bitola haben sie sich als Türken ausgegeben und die Frauen sind nur noch tief verschleiert aus dem Haus gegangen." erzählte Selma und ich fügte hinzu: „Da Hitler während des Krieges Spannungen mit der traditionell mit Deutschland befreundeten Türkei vermeiden wollte, wurden die muslimischen Roma Mazedoniens nicht so Ziel gerichtet verfolgt wie die Juden, aber trotzdem wurden viele von ihnen als rassisch minderwertige 'Zigeuner' verhaftet und nach Bulgarien zur Zwangsarbeit verschleppt, erschossen und ihre Frauen vergewaltigt. Ganze Familien deportierte man in Konzentrationslager in Serbien, Kroatien oder Deutschland und brachte sie dort um. Doch in Bitola entgingen sie als angebliche Türken der Verfolgung durch die Nazis und konnten so überleben."

"Hier in Bair nennen die Roma Hitler sogar Onkel und machen Witze über ihn." sagte Selma.

"Was denn für Witze?" fragte Uschi.

"Ich erinnere mich nur an einen. Wollt ihr den hören?"

"Ja natürlich."

"Also, eine Gruppe Zigeuner sitzt in der Gaskammer und fragt sich warum. Da beginnt sich ein ganz übler Gestank zu verbreiten und einer von ihnen ruft aus: "Onkel Hitler, mach sofort das Fenster auf. Jemand hier hat gepupst."

Lachen konnten wir darüber nicht, aber wir fragten uns, welche therapeutische Wirkung solche Witze wohl haben mochten, wenn man wusste, dass mehr als eine halbe Million Sinti und Roma durch Hitler und seine Schergen vergast und auf andere Art ermordet worden waren.

Ein Tag im Zigeunerviertel

Am nächsten Morgen, wie am Tag zuvor, wurden wir geweckt
von einem für deutsche Großstädter ungewohnten Geräusch,
dem Lärm von fröhlich auf der Straße spielenden Kindern. Er
kam von den beiden kleinen Söhnen von Samir, dem Kartenleger und Hellseher, und deren Cousins. Samir wohnte direkt
gegenüber in einem kleinen Backsteinbau, der zwischen zwei
größere, dreigeschossige Häuser eingezwängt worden war, so
dass kein Platz mehr blieb für einen Hof oder eine Terrasse.
In der warmen Jahreszeit verlagerte sich daher das Familienleben auf die Straße in den Schatten unserer Hofmauer.
Samir war kleinwüchsig und etwas bucklig. Er ging an Krücken, denn seine dünnen Beine trugen ihn kaum. Seine junge
Frau überragte ihren Gatten um eine halbe Haupteslänge. Anfangs hatte Azra, meine Hauswirtin, mich vor ihm gewarnt:
"Er liest die Zukunft aus dem Kaffeesatz oder aus den Kar-
ten. Lass dich nicht darauf ein, es ist alles nur Betrug!"
Tatsächlich lud er mich fast jedes Mal, wenn ich vorbeikam,
zum Kaffeetrinken ein. Wie viele Bewohner von Bair war er
eine Zeitlang in Deutschland gewesen und sprach ein wenig
Deutsch. Bisher hatte ich immer abgelehnt, doch heute war
der dritte Geburtstag seines Ältesten, und ich hatte verspro-
chen, am Nachmittag vorbeizuschauen. Der zweite Sohn war
nur knapp ein Jahr jünger. Selma kannte natürlich die ganze
Geschichte, da sie beim Nachbarschaftsklatsch und Tratsch
immer sehr genau zuhörte. Die erste Frau, die seine Mutter
für ihren behinderten Sohn gefunden hatte, hatte kein Geheimnis daraus gemacht, dass er impotent war, und sich
scheiden lassen. Dann war er zu etwas Geld gekommen, als

ein lokaler Fernsehsender auf die Idee kam, mit ihm, dem 'Dschuptin', als Kartenleger eine regelmäßige Sendung zu machen. Die Roma hatten ja den Ruf, wahrsagen zu können. Wer also Rat suchte, konnte beim Sender anrufen und Samir 'live' fragen. Der schaute dann in seine Tarotkarten und legte sie aus. Das Programm wurde zwar bald wieder abgesetzt, aber Samirs Mutter hatte mit dem Geld für ihn ein Dorfmädchen gefunden, das bereit war, ihn zu heiraten und sich künstlich befruchten zu lassen. Selma meinte, sie sei geistig leicht behindert, was man ihr aber nicht ansah. Die Schwiegermutter war offenbar mit ihr zufrieden und das Familienleben schien harmonisch zu verlaufen.

Bald hatten die beiden diese zwei süßen kleinen Söhne bekommen, die ihrem Vater wie aus dem Gesicht geschnitten, aber kerngesund waren. Selma befürchtete, dass sie lernbehindert sein könnten. Die Sorge hatte ich nicht. Sie wirkten wie ganz normale Kinders ihres Alters.

Ich trat auf den Balkon, der das ganze Obergeschoss säumte und schaute über die verschachtelten roten Ziegeldächer hinweg auf die Berge und hinauf in den Himmel. Es würde wieder ein heißer Tag werden.

Da hatte mich Sekija, Selmas 9 jährige Kusine, erspäht und begann mit dem täglichen Ritual:

"Baba Lili, Baba Lili!" rief sie laut quer über die Straße.

"Kako si, Sekija?" gab ich ich genauso laut zurück.

"Arna sum." antwortete Sekija. *

(* Oma Lili, wie geht's? Mir geht es gut.)

Sie saß mit ihrer Puppe auf dem Balkon im Obergeschoss ihres Elternhauses. Das hatte nur Zimmerbreite und war ähnlich wie das von Samir an ein größeres Gebäude angeklebt. Auch der Vorhof mit dem klapprigen Holzschuppen war klein und eng. Daher spielten die Kinder meist auf der Straße, wo es nur wenig Autoverkehr gab, so wie wir in der Nachkriegszeit während meiner Kindheit im Dorf. Dort waren allerdings die Häuser und die Gärten etwas größer gcwcscn.

Uschi war nun auch aufgewacht und wir frühstückten zusammen in meinem Zimmer. Bald danach machten wir uns auf den kurzen Weg zum Haus von Azras Eltern. Zunächst kamen wir vorbei an einem recht stattlichen Bau, der den größten Teil des Jahres unbewohnt war, zur Zeit aber Urlauber aus Deutschland beherbergte. Die Straße machte dann einen Bogen und wurde steiler. Die folgenden Wohnhäuser standen eng beieinander. Jeder Winkel war bebaut. Das Elternhaus von Azra und Mirem, ihrer Schwester, ein Backsteinbau, war etwas größer und zweigeschossig. Dort wohnten ihr Vater Emin, der genau so alt war wie ich, nämlich 71, und ihre Mutter Fatma, etwa 65. Die beiden waren vierfache Urgroßeltern.

Nach Romasitte war nicht der älteste Sohn der designierte Erbe, sondern Asim, der jüngste. Er wohnte daher mit seiner zweiten Frau Nada und den drei Kindern Bajram, Emin und Sebihan bei seinen Eltern. Hinzu kam Mirem, die ihre Tage und Nächte in der Wohnküche auf dem Sofa verbrachte.

Sie saß seit 26 Jahren im Rollstuhl, denn in dem Jahr, in dem die blinde Selma geboren wurde, hatte sie ihr Mann bei einem Ehekrach aus dem Fenster ihrer Wohnung im vierten Stock geworfen. Seitdem war sie querschnittsgelähmt.

Damals war sie erst 19 Jahre alt gewesen und ihr Sohn 12 Monate. Er wuchs bei seinem Vater und dessen zweiter Frau auf und erfuhr erst mit 14, dass seine Mutter noch lebte.

Die Schwiegermutter sei Schuld an dem Ehestreit gewesen, sagte Mirem. Sie habe sie nie akzeptiert, weil sie aus Bair und nicht aus dem Viertel am At Pasar, war. Dort wohnten die

Roma, die sich als Türken ausgaben und sich für etwas Besseres hielten. Alle zusammen hätten sie in einem Zimmer gehaust, und da sei es zu unerträglichen Spannungen gekommen. Da sie ihren Mann liebte, hatte sie ihn nicht angezeigt, sondern behauptet, sie sei selbst gesprungen.

Ich weiß nicht, ob meine Freundin Uschi in dieser kurzen Zeit einschätzen konnte, wie wunderbar liebenswert und stark die Frauen dieser Familie waren, Leid geprüft, aber trotzdem heiter und gelassen: Fatma, die Großmutter, die in langem Rock, dunkler Bluse, gestreifter Weste, bunter Schürze und Kopftuch im orientalischen Schneidersitz eine Zigarette rauchend auf dem Sofa saß und ihre Tochter Mirem mit den Beinen ohne Leben, die die gleichen freundlichen Augen und runden Wangen hatte wie ihre Mutter, Nada, die Schwiegertochter, die eifrig herumwuselte und für uns alle Tee kochte.

Bajram, ihr ältester Sohn, holte den Rollstuhl seiner Tante aus dem Schuppen und stellte ihn auf die Straße. Uschi brauchte sich nur noch hineinzusetzen und wir konnten losfahren. Emin, der nach dem Großvater benannte 12jährige jüngere Bruder, und die kleine Sebihan kamen mit und halfen beim Schieben. Zunächst ging es weiter unsere enge, gewundene Straße hinauf nach Koziak, dem nach einem Schlachtfeld des Zweiten Weltkriegs benannten Herzstück von Roma Bair.

Schon während meines ersten längeren Aufenthalts in Bitola hatte ich das Wohnviertel der Roma erkunden wollen, aber da ich wusste, dass viele der ca 4000 Einwohner unter ärmlichen Bedingungen und eng beieinander lebten, hatte mich eine gewisse Scheu davor zurückgehalten, ihr 'malerisches Elend' zu besichtigen, so wie ich mich geweigert hatte, ein Flüchtlingslager der Tuareg zu besuchen, die 1976 vor der Dürre nach Niamey, der Hauptstadt des Niger, geflohen waren.

Nach Silvanas Abiturfeier war der Bann gebrochen. Ich machte Spaziergänge in der Umgebung und besuchte Selma. Ihr Haus lag an einer Asphaltstraße. Die umliegenden Häuser waren aus soliden Baumaterialien mit roten Ziegeldächern.

Einige hatten von Mauern eingezäunte Vorgärten, andere waren sogar so stattlich, dass sie schwäbischen 'Häuslebauern' alle Ehre gemacht hätten. Ihre Besitzer waren vor vielen Jahren als 'Gastarbeiter' vor allem nach Baden-Würtemberg gegangen, und hatten sie mit ihren Ersparnissen erbaut.

Sesshafter und bodenständiger ging es wohl kaum! Doch oft war zwischen zwei größere Häuser noch ein kleineres, zweigeschossiges hineingezwängt worden, um einen Verwandten unterzubringen, der seine eigene Familie gründen wollte, so wie Samir, der Hellseher. Meist hatte das Obergeschoss einen kleinen Balkon, zu dem eine 'Außenbordtreppe' hinaufführte. Bei sonnigem Wetter hingen dort bunte Bettdecken zum Auslüften oder frisch gewaschene Teppiche zum Trocknen.

In Koziak begann das eigentliche Roma Bair. Für Vorgärten war nun kein Platz mehr. Die Häuser wurden schmaler und immer mehr Kleinsthäuser drängten sich in die Lücken zwischen ihnen. Diese verwinkelten Häuschen waren meist mehrgeschossig, und mit einem Wirrwarr von Treppen und Balkonen versehen, doch das Geld hatte oft nicht gereicht, um die eilig aus rotem Backstein gemauerten Wände der zusätzlichen Stockwerke zu verputzen. Einige waren sogar aus Brettern zusammengezimmert. Doch die roten Ziegeldächer gaben dem Ganzen einen heiteren Anstrich und auch hier hingen überall buntfarbige Bettdecken zum Lüften auf den Brüstungen der schmalen Balkone.

Ein schmutziges Elendsviertel war das nicht.

Die Straße ging weiter hinauf über einen kleinen Platz, auf dem im Sommer viel getanzt wurde, und wo sich zu jeder Tageszeit alte und junge Männer zum Plausch trafen. Auch jetzt wurde ich von mehreren gegrüßt.

"Kako si, Lili?" - Wie geht es dir?

"Arna sum." - Mir geht es gut.

Dann machte die Straße einen Bogen nach links und führte aus dem engen Gewirr der Häuser hinaus weiter bergan. Ganz oben, wo der Asphalt zu Ende war, hatten wir einen freien Blick auf Bitola. Als wir hinunterschauten, breitete sich im weiten Halbrund das Panorama der Stadt vor dem Hintergrund der rosig schimmernden Berge aus. Das war atemberaubend schön, fand ich, und Uschi stimmte mir zu.

Mich beeindruckten als romantisch gestimmter Westeuropäerin vor allem die schlanken Minarette von vier Moscheen aus der Türkenzeit, die entlang einer wie mit dem Lineal gezogenen geraden Luftlinie erbaut worden waren, die in Richtung Mekka zeigte. Zwischen den mit roten Dachziegeln gedeckten Bürgerhäusern aus alter Zeit ragten zehngeschossige moderne Wohnblocks und Bürogebäude aus der Zeit des sozialistischen Jugoslawiens hervor, die aus der Entfernung jedoch nicht mehr ganz so hässlich wirkten. Man hatte die Roma an den Stadtrand, in ihr 'Ghetto' auf den Hügeln verdrängt, dafür hatten sie die schönste Aussicht!

Noch weiter oben unter der Autobahnbrücke begann der Slum von Petotschna Voda. Dort hinauf konnten wir mit dem Rollstuhl nicht, die Wege waren zu steil und zu holprig. Aber ich war dort 2007 mit Besuchern spazierengegangen. Tags darauf hatte es da oben gebrannt und über 100 Familien waren in ein Skihotel am Pelister evakuiert worden, wo sie gut versorgt wurden, auch medizinisch.

Für sie eine einmalige Gelegenheit! Sonst hätten sie nie in ihrem Leben in einem Hotel dieser Klasse übernachten können. Von den ohne Baugenehmigung errichteten Holzhütten mit den mit Plastikplanen abgedecktcn Anbautcn waren damals jedoch nur wenige abgebrannt. So ging das Alltagsleben bald wieder seinen gewohnten Gang, ohne Wasserleitung und oft auch ohne Stromanschluss. Die Familien mussten ohne Elektrizität auskommen oder illegal irgendwie die Stromleitung der Nachbarn anzapfen. Das Wasser schöpften sie aus Brunnen, dafür hatten sie aber Platz für kleine Gemüsegärten und Hühnerzucht. In Afrika nannte man so etwas 'spontane Urbanisierung',“ dachte ich. Aber wir waren nicht in Afrika, sondern mitten im alten Europa.

Da die städtische Müllabfuhr nicht bis hier oben vordrang, landete ein großer Teil des Abfalls am Wegesrand und wenn es kräftig regnete, wurde er die abschüssige Hauptstraße von Bair hinabgespült und staute sich am Fuß des Hügels vor den Haustüren der 'Kauri', die wieder einmal in ihrem Vorurteil, dass die 'Dschuptzi' sehr schmutzig seien, bestärkt wurden.

„Das Fernsehen berichtet oft über das Elend der Roma in Osteuropa und dessen klein kriminelle Auswüchse. Wie schätzst du die Lage der Roma hier in Bitola ein?“ fragte Uschi, als wir unseren Rundgang beendet hatten und zu Hause bei einer Tasse Tee saßen.

"Im Jahr 2005, das ich fast ganz in Bitola verbrachte, gab es hier einen begabten britischen Hobbyfotografen und Sozialarbeiter, der sich mit den Bewohnern von Petotschna Voda anfreundete und ihr 'malerisches Elend' fotografierte. Mit den Bildern machte Keith Shawe im Nachbarort Resen und in Bitola eine kleine Ausstellung. Die Besucher bekamen dabei den Eindruck vermittelt, dass dieses 'Shanty Town' unter der

Schnellstraße, in dem die Bewohner nur oberflächlich Wurzeln geschlagen hätten und jederzeit bereit seien, weiterzuziehen, typisch sei für Roma Bair. Er bediente damit genau die weit verbreiteten Vorurteile über das 'fahrende Volk'. Dabei stellen die Leute von Petotschna Voda nur einen Bruchteil der sonst sesshaften Bevölkerung dar."

"Fotografen und auch Reporter suchen ja immer nach dem Aussergewöhnlichen. 'Zigeuner', die wie 'normale' Menschen leben, sind eher langweilig. Gute Nachrichten sind schlechte Nachrichten." sagte Uschi und ich fuhr fort:

„In Mazedonien ist die Lage der Roma besser als in den anderen Ländern des ehemaligen Ostblocks. Doch durch die Umwälzungen der letzten Jahrzehnte geht es vielen schlechter als zuvor und ein Großteil der Roma von Bair führt ein hartes Leben, meist nur mit Gelegenheitsarbeiten und mit der ständigen Sorge, die Rechnungen für ihre eigenen kleinen Häuser irgendwann nicht mehr bezahlen zu können. Etwa 60% beziehen Sozialhilfe, das sind aber nur 30 bis 80 Euro im Monat. Das reicht nicht einmal für die laufenden Strom- und Wasserrechnungen, die von den privaten Versorgerfirmen jetzt rigoros durch Gerichtsvollzieher eingetrieben werden. Vorher ließen die staatlichen Firmen die Zügel locker, und manche Familie zahlte Jahre lang ihren Strom nicht.

Trotzdem gehen alle Kinder, auch die Mädchen, zur Schule, halten aber nicht immer bis zum Schluss durch."

„Gut, dass sie auf Bildung setzen. Dann haben sie auch eine Zukunft." meinte Uschi, doch ich fügte hinzu:

„Aber auch hier leiden die Roma unter Jahrhunderte alten Vorurteilen und sind Opfer von Diskriminierungen. Du solltest mal mit Selmas Tante Nura reden."

„Was hat sie dir denn erzählt?"

„Sie hat berichtet, dass ihre mazedonischen Arbeitskolleginnen in der Textilfabrik, in der sie eine Zeit lang gearbeitet hat, anfangs nicht mit ihr zusammen sitzen wollten, weil sie ihre etwas dunklere Hautfarbe mit Schmutz glcichsctztcn. Sie wollten sie auch nicht mit demselben Bus zur außerhalb der Stadt gelegenen Fabrik fahren lassen. Sie sollte den 'Dschuptzi' Bus am At Pasar, dem alten Pferdemarkt, nehmen, zu dessen Haltestelle sie aber 20 Minuten zu laufen hatte. Erst als sie sich beim Fabrikdirektor beschwerte, wurde es besser."

„Immerhin! Und wie steht es sonst um Selmas Familie?"

"Die ist relativ gut situiert. Einige sind Markthändler, andere Musiker, aber auch Arbeiter und Angestellte. Erol, Nuras zweiter Mann, arbeitet bei der Stadtreinigung, wo er sich um das Problem der streunenden Hunde kümmert, ihr Bruder Dschemal bei den Elektrizitätswerken. Sie leben in ihren eigenen Häusern und haben noch nie einen Wohnwagen von innen gesehen. Niemand erinnert sich daran, dass es jemals Nomaden unter ihnen gab. Die Nomadin bin ich, und ich, die saubere, ordentliche Deutsche, putze meine Wohnung nicht halb so gründlich wie Azra, meine Hauswirtin."

„Das habe ich schon bemerkt." sagte Uschi.

„Besonders liebevoll werden die Teppiche behandelt. Zweimal im Jahr werden sie in den Hof getragen und mit Hilfe eines Gartenschlauchs gewaschen, geschrubbt und zum Trocknen über die Balkonbrüstung gehängt."

„Das machen wir in Deutschland nicht."

„Das wusste aber Nuras Mann nicht. Er hat ein paar Jahre in Deutschland als Kellner gearbeitet. Als es Zeit wurde, den Teppich zu waschen, legte er ihn auf die Straße und begann, ihn mit dem Schlauch zu wässern. Doch nach kurzer Zeit kam die Polizei und mahnte wohlwollend, dass so etwas in Deutschland nicht üblich sei." erzählte ich.

Da unterbrach Uschi meinen Redefluss und fragte:

„Wolltest du nicht noch bei den Nachbarn vorbeischauen und zum Geburtstag des ältesten Sohnes gratulieren?"

„Gott sei Dank, dass du mich daran erinnerst. Ich werde noch einmal hinausgehen und Schokolade und Kekse kaufen. Aber jetzt müssen wir erst mal zu Mittag essen."

Von der Ratatouille Niçoise vom Vorabend war noch genug für zwei Personen übrig, wenn man sie mit Brot, Käse und frischem Obst ergänzte. So wurden wir beide satt. Danach verlangte die Hitze nach einer ausgiebigen Mittagsruhe. Doch gegen 16 Uhr sperrte ich meine Zimmertür wieder auf, zum Zeichen für meine Freundin Uschi, dass ich wieder munter war. Sie kam bald aus dem gegenüberliegenden Zimmer und fragte: „Wollen wir anfangen zu planen, was wir heute Abend und morgen tagsüber machen wollen, bevor wir hinüber zum Kindergeburtstag bei den Nachbarn gehen?"

„Einverstanden. Zum Ausgehen ist es sowieso zu heiß."

Wir kramten das Programm des Bitola Sommerfestivals heraus, das wir am Tag zuvor bei der Touristeninfo im ehemaligen Richard-Wagner-Museum bekommen hatten. Es war in mazedonischer Sprache und in kyrillischer Schrift. So musste ich Uschi daraus vorlesen und übersetzen: „Heute Abend um 21 Uhr gibt es im 'Magaza' ein Konzert mit brasilianischen Jazz gespielt von mazedonischen Jazzmusikern."

„Das hört sich gut an. Dazu hätte ich Lust." sagte Uschi.

„Damit steht unser Abendprogramm fest. Aber was sollen wir morgen machen?" fragte ich.

„Wir könnten nach Ohrid fahren."

„Ja, einverstanden."

„Könnten wir da nicht übernachten?"

„Das wird schwierig sein. Während des Sommer Festivals, das gerade angefangen hat, ist alles ausgebucht."

„Gut, dann fahren wir morgen und kommen abends zurück, aber jetzt ab zum Kindergeburtstag!"

„Warte hier auf mich, ich laufe schnell zum Laden an der Ecke und kaufe ein Geschenk." sagte ich.

Als ich mit meinen Einkäufen zurück war, saß Uschi mit Selma im Hof und versuchte, sich mit Azra zu unterhalten. Die war gerade erst zurück von ihrer Arbeit auf dem Markt. Wir aber gingen hinaus auf die Straße, auf die andere Seite zu Samirs Haus und Uschi fragte: „Warum hat Azra dich vor Samir gewarnt? Glaubt sie nicht an Hellseherei?"

„Nein, ich glaube, sie ist eine sehr realistische Person."

Wir gingen in das kleine Nachbarhaus hinein.

In einem Vorraum saß Samirs alte, runzlige Mutter in bunter Bluse, Weste, langem Rock, Schürze und Kopftuch und führte uns ins Wohnzimmer.

Es lag ein paar Stufen tiefer im Souterrain. So hatte man auch in die Erde hinein Platz gewonnen für die Familie. Die saß mit ihren Festgästen eng gedrängt auf den Schlafsofas, die wie überall in Bair die Zimmerwände säumten. Für uns war kein Sitzplatz mehr frei. So lieferten wir unser Geschenk bei dem 3jährigen Geburtstagskind ab und beglückwünschten ihn. Dann verabschiedeten wir uns und gingen wieder in unseren Hof zurück. Dort war inzwischen Besuch eingetroffen.

„Das ist Atso, der Ehemann von Azras Schwester Enisa." sagte ich und stellte ihm meine Freundin vor.

„Er ist Selmas Lieblingsonkel und zur Zeit Strohwitwer. Seine Frau ist mit der jüngsten Tochter, dem Sohn, der Schwiegertochter und dem Enkel als Asylbewerberin in Holland."

„Wieso denn das?" fragte Uschi erstaunt und Selma erklärte: „In den letzten Wochen sind viele Roma aus Bair nach Holland gegangen, denn man erzählt sich hier, dass sie zwar nur drei Monate bleiben dürfen, dass sie aber bei der Abschiebung eine Finanzhilfe von 5000 Euro pro Person erhalten. So ist Holland zum Paradies der Roma geworden. Vorher war es Deutschland. Darüber gibt es sogar ein berühmtes Lied."

„Was sollen wir sonst machen als auswandern? Ich bin 42 Jahre alt und seit langem arbeitslos. Die Kühlschrankfabrik, in der ich gearbeitet habe, gibt es nicht mehr. Auch mein Sohn hat mit 22 Jahren noch nie eine feste Arbeit gehabt, obwohl er einen Schulabschluss hat. Jetzt habe ich mich beworben um einen Posten als Aufseher in den Zuckerrübenplantagen. Ich weiß nicht, ob ich da eine Chance habe. Wenn es Arbeit gibt, werden zuerst die 'Kauri' bedient, dann kommen die Albaner, und wir Roma erst ganz am Ende. In Jugoslawien war das noch anders." sagte der Onkel, als Selma ihm den Inhalt unseres Gesprächs übersetzt hatte.

In der Familie hatte er mit Abstand die dunkelste Hautfarbe. So wie auch David würden ihn Inder oder Pakistani zunächst für einen Landsmann halten, in seinem Heimatland Mazedonien zählte er damit zu den Außenseitern. Die Schattierungen der Hautfarbe waren somit bei den Roma ein ständiges Thema. Wer viel dunkler war als die anderen, galt als weniger schön. Junge Mädchen legten ihre Unterarme nebeneinander, um zu sehen, wer am schwärzesten war. Die dunklere Hautfarbe konnte über Wohl und Wehe, über Karriere und Zukunftschancen mitentscheiden. Wurde ein Kind geboren, fragte man sogleich: "Was für eine Hautfarbe hat es? Ist es sehr dunkel?" 'Black is beautiful' galt hier noch nicht.

Bossa Nova in Bitola

Es war Zeit, uns für das Jazzkonzert im 'Magaza' fertig zu machen und wir fragten Selma. ob sie Lust habe mitzukommen. Sie hatte große Lust und ging hinein ins Haus, um sich mit Hilfe ihrer Mutter umzuziehen. Die behandelte sie immer noch wie ein Baby oder wie eine Kranke So war sie in praktischen Dingen sehr unselbständig, was sie aber ganz normal fand. In allen Roma Familien wurden Behinderte so umsorgt.
Als sie wieder in den Hof trat, konnten wir uns einen bewundernden Ausruf nicht verkneifen. Sie hatte ihr braunes Haar, das ihr fast bis zur Taille reichte, gewaschen und trug es nun offen über einem Silber bestickten schwarzen Blüschen. Dazu hatte sie wie alle jungen Mädchen enge Jeans angezogen.
So eine hübsche 'Tochter' konnten wir stolz ausführen!
Unser Taxi hatte sie telefonisch schon bestellt und wir konnten bald vor der Hoftür einsteigen, wo Samir und seine Familie wieder die kühle Abendluft genossen.
Wir ließen uns am Uhrturm absetzen. Selma nahm meinen rechten Arm und ließ sich zum Magnolia Platz führen. Uschi stapfte auf ihren zwei Gehhilfen hinterher. Es war erst 20 Uhr und bis zum Beginn des Konzerts blieb noch eine Stunde Zeit. So kehrten wir im Restaurant 'Verona' zu einem italienischen Abendessen ein. Kurz vor Neun standen wir am Eingang zum romantisch beleuchteten Hof des 'Magaza'.
Dort wurden wir wie alte Freundinnen von Toše Ivanovski empfangen. Ich hatte ihn als Leiter eines Jugendzentrums kennen gelernt, von da hatte er es zum engsten Mitarbeiter des Bürgermeisters in kulturellen Angelegenheiten gebracht. Wie privilegierte Gäste führte er uns die drei Stufen hinunter

zu unseren Stühlen, die im voll besetzten Hof nur auf uns gewartet zu haben schienen. Ein Eintrittspreis wurde nicht erhoben, dafür dauerte das Konzert nur gut eine Stunde, ent-
führte uns aber mit Bossa Nova Klängen nach Brasilien und
Lateinamerika in einer Umgebung, die an Dubrovnik und an-
dere alte mediterrane Städte in Dalmatien erinnerte.
Das war echte 'Worldmusic' und zauberhaft!
Nach dem Konzert ergossen sich die Zuhörer auf den Mag-
nolia Platz und in den Schirok Sokak hinein. Dort schien die
halbe Bevölkerung der Stadt sich verabredet zu haben und
Uschi fragte: „Ist hier heute Abend ein Straßenfest?"
„Nein, nur ein ganz gewöhnlicher Wochentag im Sommer.
Dann sind jeden Abend so viele Leute draußen."
„Wieviel Einwohner hat Bitola?"
„Knapp 100 000, aber im Sommer sind es einige mehr, weil
die Auswanderer aus West- und Nordeuropa und die aus Aus-
tralien und Amerika ihren Urlaub in der Heimat verbringen."
Wir schoben uns langsam durch die dichte Menge im oberen
Teil des Schirok Sokak, vorbei am Theaterplatz und der Sta-
tue von Milton Manaki bis in den ruhigeren unteren Teil. Dort
setzten wir uns ins 'El Greco', bestellten Eis und ließen die
Spaziergänger an uns vorüberziehen. Nach 22 Uhr waren es
fast nur noch junge Leute, Reihen von drei bis vier hübsch zu-
rechtgemachten Mädchen, die eingehakt nach den Jungen
Ausschau hielten, die in lockeren Gruppen vorüberzogen, und
viele Liebespärchen, die einander schon gefunden hatten.
Jetzt nach 22 Uhr waren die Mütter mit ihren Töchtern, die
älteren Ehepaare, aber auch die jüngeren mit dem Baby im
Kinderwagen längst nach Hause und ins Bett gegangen. Das
taten auch wir bald, denn wir wollten ja am nächsten Morgen
nach Ohrid fahren.

Ausflug nach Ohrid

„Gibt es eine Bahnverbindung nach Ohrid?" fragte mich Uschi vor dem Schlafengehen.

„Nein, aber es gibt Busse. Die brauchen zwei Stunden für die 72 km und fahren bis zum Busbahnhof am Stadtrand. Ein Sammeltaxi benötigt aber nur eine Stunde und bringt uns direkt ins Stadtzentrum hinein."

„Dann lass uns mit einem Taxi fahren."

„Wir müssen aber zur Abfahrtszeit des Busses am Busbahnhof sein. Dann versuchen die Fahrer dessen Fahrgäste abzuwerben und ihr Sammeltaxi zu füllen. Später muss man oft lange warten, bis es sich mit vier Personen gefüllt hat."

„OK, um wieviel Uhr sollen wir starten?"

„Um 10 Uhr. Später, in der Mittagszeit, ist es zu heiß."

Am nächsten Morgen waren wir pünktlich am Busterminal, der gleich neben dem historischen Bahnhof von 1894 lag, von dem jetzt täglich nur noch vier Züge nach Skopje fuhren.

Bortsche, ein rotgesichtiger Taxifahrer, mit dem ich schon oft gereist war, hatte bereits einen Fahrgast gefunden. So belegten wir die restlichen drei Plätze und konnten bequem sitzend gleich losfahren. Es ging wieder am Stadtpark entlang, dann nach links an der ehemaligen Offiziersmesse und der Militärakademie der Osmanen vorbei, die gerade zu einem Kulturhaus und zu einem modernen Museum umgestaltet wurden. Ihnen gegenüber lagen zwischen grünen Bäumen die Baracken der modernen mazedonischen Armee, die aber inzwischen abgezogen war und das leere Gelände der Stadt zur Bebauung überlassen hatte. Danach kamen in weitläufigen Grünanlagen die Gebäude des Krankenhauses, gefolgt von

Reihe auf Reihe von modernen Wohnblocks, einem neuen Marktgebäude und dem Einkaufszentrum von Novi Bitola. Dann bogen wir rechts ab, auf die Hügel zu, auf denen Roma-Bair lag. Auf der Kuppe links davon sahen wir einen niedrigen, etwas rätselhaft wirkenden Rundbau.

„Bitola ist umgeben von Friedhöfen aus dem 1. Weltkrieg. Der Rundbau dort ist der deutsche Soldatenfriedhof. Er wird vom 'Volksbund deutsche Kriegsgräberfürsorge' gepflegt."

Noch ein paar Kurven, dann waren wir auf der Schnellstraße, die geradeaus nach Westen, nach Ohrid und weiter nach Albanien führte. An der Auffahrt lag eine riesige Tankstelle, möglicherweise die größte im Lande. Der gegenüberliegende Bergrücken auf der anderen Straßenseite zeigte noch immer Spuren des schweren Waldbrandes, der vor drei Jahren dort oben gewütet hatte.

„Es war die größte Sorge der Feuerwehr, dass der Brand auf diese Tankstelle übergreift und dort alles in die Luft fliegt. Aber sie konnte das Feuer eindämmen, so dass es nirgendwo auf die linke Straßenseite übersprang. Doch auf der rechten Seite sind auf 15 km Wald und Gebüsch verbrannt."

„Hoffen wir, dass sich die Natur bald davon erholt."

Die Straße von Bitola nach Ohrid führte über zwei Bergrücken und dazwischen, in einem Tal, durch die kleine Stadt Resen. Während wir zum Pass hinauffuhren, begleitete uns linker Hand das Massiv des Pelister, dessen Gipfel nur drei bis vier Monate im Jahr Schnee frei war. Hinter der Passhöhe in der Abfahrt nach Resen erblickten wir in der Ferne die schimmernde Wasserfläche des Prespasees. Da überraschte uns ein Umleitungsschild und Bortsche erklärte:

„Hier hat es im Frühjahr so stark geregnet, dass die Straße weggespült wurde. Wir fahren jetzt auf der alten Straße weiter und es wird auf dem Kopfsteinpflaster heftig rumpeln."

Da fragte ich mich, ob das die Trasse der Via Egnatia war, auf der die Römer nach Konstantinopel und die jung türkischen Rebellen 1908 von Ohrid über Resen und Bitola bis nach Thessaloniki marschiert waren, um in Istanbul den Sultan zu stürzen. In gewagten Windungen führte die Straße bergab zu einer Kreuzung. Dort ging es rechts nach Resen, links nach Pretor und Oteŝevo, Badeorten am Prespasee.

„Wenn man am Ostufer des Sees entlangfährt, gelangt man nach Griechenland, am Westufer entlang nach Albanien. Dort gibt es aber noch keinen Grenzübergang." sagte ich.

Bei der Durchfahrt erschien mir die kleine Stadt Resen, wie jedes Mal, nicht besonders interessant, abgesehen von einigen alten, Stuck verzierten Häusern, die von vergangenem Wohlstand zeugten. Doch danach folgten ein paar sehr ansehnliche Dörfer, die inmitten von ausgedehnten Apfelplantagen lagen.

„Mazedonische Äpfel scheinen in Albanien besonders beliebt zu sein. Vor zwei Jahren im Herbst sah ich einmal einen Personenwagen mit albanischem Kennzeichen, der auf dem Hintersitz bis zum Dach mit Äpfeln gefüllt war, nicht in Kisten oder Säcken, sondern einfach lose hineingeworfen." sagte ich.

„Stell dir vor, der Fahrer hat einen Auffahrunfall und wird von seinen eigenen Äpfeln erschlagen!" sagte Uschi lachend.

Die Vorstellung fand ich zwar makaber, aber ich lachte mit.

Die Straße kletterte wieder hinauf zum nächsten Gebirgspass, der bei über 1100 Metern lag. Sie gewährte uns spektakuläre Rundblicke auf grüne Bergtäler, die ich nicht müde wurde, zu bewundern, auch noch nach unzähligen Fahrten. Jetzt im Sommer dominierte das Grün, im Herbst und Winter schimmerten die Bergrücken oft rosig oder zartblau.

„Mich erinnert das an die Schweiz." sagte Uschi.

„Ja, das finde ich auch, und Mazedonien mit seinen vielen verschiedenen Minderheiten und Sprachen könnte eine friedliche Schweiz des Balkans werden."

„Welche Minderheiten sind denn das?"

„Zunächst die Albaner, die etwa 25 % der Bevölkerung ausmachen, dann die Arumani oder Wlachen, die Roma und die Türken und im Norden die Serben. Die Orthodoxen Mazedonier stellen etwa 65 %."

Mitten im schönsten Teil des Gebirges, dort wo die Abfahrt nach Ohrid begann, lag in einer Gebirgsspalte die riesige Müllkippe der Stadt. Man hatte sie in den letzten Jahren etwas abgedeckt, so dass sie weniger stank und dampfte.

„Der Aufseher ist natürlich ein 'Dschuptin'. Er wohnt mit seiner Familie in einer Holzhütte am Eingang und notiert die Nummern aller Fahrzeuge, die hier ihren Müll abladen. Keith, der Brite, von dem ich dir gestern erzählt habe, hat ihn interviewt und fotografiert." erzählte ich.

„Und die Bilder präsentiert er dann als typisch für die Zigeuner" sagte Uschi.

„So ist es. Du hast es erfasst." erwiderte ich.

Auf den letzten Kilometern aus dem Bergmassiv hinaus und auf Ohrid und den See zu, sahen wir immer wieder kleine byzantinische Kirchen am Wegesrand und Hinweisschilder auf andere Gotteshäuser. Immer wenn wir an einem vorbeikamen, bekreuzigte sich Bortsche, unser Taxifahrer. und sagte:

„In und um Ohrid gibt es so viele Kirchen wie Tage im Jahr."

„Einige davon werden wir uns heute anschauen." sagte ich.

Doch in Ohrid angekommen, zog es uns zuerst an den See, einem der der größten und tiefsten auf dem Balkan, seit 1980 UNESCO Weltkulturerbe, zusammen mit der Stadt Ohrid. Mich hat immer das Wechselspiel der Farben angezogen, das mich erwartete, wenn ich an sein Ufer trat und hinüberschaute zu den Bergen, die in Pastell farbenem Dunst auf der anderen Seite des Sees in Albanien lagen, jenem immer noch Geheimnis umwitterten Land, das sich Jahrzehnte lang vom übrigen Europa abgeschottet hatte und endlich aus seiner kommunistischen Erstarrung erwacht war. Immer mehr Mazedonier verbrachten nun ihren Urlaub an der albanischen Adriaküste, mieteten oder kauften sich dort Ferienwohnungen.

Wuchs da wieder zusammen, was nach 500 gemeinsamen Jahren unter dem 'türkischen Joch' zusammen gehörte? Oder war ich eine unrealistische Optimistin?

Vorbei an den überlebensgroßen Statuen von Kyrill und Methodius, den Aposteln der Slawen, wanderten wir weiter am Seeufer entlang, Richtung Altstadt, suchten uns ein Restaurant direkt am Wasser und aßen dort zu Mittag. Dann gingen wir zurück zum Hafen, wo die weißen Touristenschiffe sämtlich vor Anker lagen. Wir wussten bereits, dass sie heute nicht fuhren. Selma hatte es in den Nachrichten gehört. Es ging um einen Konflikt mit den zuständigen Behörden über die technische Überwachung der Schifffahrt auf dem See. Ausflüge nach dem Kloster Sveti Naum am südlichen Seeufer konnten nicht stattfinden, auch die kleineren Motorboote, die uns auf die andere Seite des Felsens von Sveti Jovan Kaneo bringen konnten, um vom See her die kleine Kapelle auf dem Felsvorsprung, das beliebteste Postkartenmotiv Mazedoniens, zu bewundern, lagen am Ufer fest.

Von Land her konnte man die kleine Kirche des heiligen Johannes nur zu Fuß erreichen, doch der Weg war zu lang und zu steil für Uschi mit ihren Krücken.

Da erspähten wir am Landungssteg ein seltsames Vehikel, ein hell braun gestrichenes Holzschiff mit hoch aufragendem Bug

wie eine mittelalterliche Karavelle oder auch ein überdimen-
sionales Modellschiff, allerdings ohne Segel. Es war nicht
einmal halb so groß wie die Dampfer nach Sveti Naum, aber
wesentlich größer als die Motorboote.

„Was ist denn das für ein Äppelkahn?" fragte Uschi lachend.

„Ob man damit Äpfel nach Albanien geschmuggelt hat, weiß
ich nicht. Aber es hat etwas von einem Schmuggler- oder Pi-
ratenschiff." meinte ich. Da sprach der 'Kapitän' uns an:

„Für 10 Euro fahre ich Sie auf den See hinaus. Da können Sie
das Panorama der Stadt mit Sveti Jovan Kaneo gut sehen."

Wir beratschlagten nur kurz und kletterten dann mit Hilfe
einer viel zu kurzen Stufenleiter und einem zusätzlichen Küchenhocker an Bord, setzten uns und warteten auf die anderen
Passagiere. Doch niemand kam. So schipperten wir los, im
Schneckentempo und heftig schaukelnd.

„Die diesjährige Touristensaison in Ohrid ist schwach. Die
Leute brauchen für die EU kein Visum mehr und fahren nun
alle im Urlaub nach Westeuropa, um dort ihre Verwandten zu
besuchen." klagte der Kapitän.

Wir genossen das Gefühl, das ganze Schiff für uns allein zu
haben, die schöne Aussicht auf die alte Stadt am Fuße der
1000jährigen Burg und auf den Felsvorsprung mit der romantischen kleinen Kirche Sveti Jovan Kaneo.

Doch schon bald war der Spaß zu Ende, und wir turnten mit-
tels Küchenhocker wieder an Land. Dort heuerten wir in einem Taxi an, das uns hinauffuhr zur Bergfestung des bulgarischen Zaren Samoil, der Ohrid im 10. Jahrhundert für einige
Jahre zu seiner Hauptstadt gemacht hatte.

In den Ruinen herumzuklettern kam für Uschi nicht in Frage,
so schauten wir uns nur vom Haupteingang aus um, stiegen
bald wieder in unser Taxi und ließen uns eine kurze Strecke

Hügel abwärts zum 'Plaoschnik' fahren, wo es für uns Touristen die von einem Dach geschützte archäologische Ausgrabungsstätte einer frühchristlichen, oströmischen Basilika und die Kirche des Schutzpatrons von Mazedonien, des Heiligen Kliment von Ohrid, zu sehen gab. Die war im Laufe der Jahrhunderte von einer Kirche in eine Moschee und erst kürzlich wieder in eine Kirche zurückverwandelt worden.

Dort hatte im 9. Jahrhundert Kliment, ein Schüler von Kyrill und Methodius, gewirkt und die erste slawische Universität gegründet, in der er selbst von 886 bis 893 über 3000 Studenten unterrichtete und in kyrillischer Schrift als ihr erster Schriftsteller die Grundlagen für die altslawische Literatur in Mazedonien schuf. Nach seinem Tod wurde er bei Ohrid bestattet. Seine Kirche stand hoch über dem See und wir hatten von ihrem Vorhof aus einen weiten Ausblick über die glitzernde Wasserfläche. Aus den Tiefen ihrer Krypta erklangen zur Erbauung der Besucher von St. Kliment selbst komponierte altslawische Messgesänge und wir ließen uns nicht nur elektronisch verzaubern.

Wieder unten am See angekommen beschlossen wir, durch die Altstadt zu Fuß zur 1000jährigen Kirche der heiligen Sofia hinaufzugehen. Unterwegs kamen wir an zwei kleinen Kirchen hinter hohen Steinmauern vorbei, die Heiligen gewidmet waren, die man im Krankheitsfall anrufen konnte, der Gottesmutter, der Bogorodica, und dem Heiligen Nikolaus.

„Noch haben wir nicht so viele Kirchen gesehen wie es Tage gibt im Jahr." meinte Uschi.

Die der heiligen Sofia, ein altehrwürdiger, rechtwinkliger Bau aus verwittertem, zwei farbigem Stein mit einer Doppelreihe von byzantinischen Rundbögen und dahinter den aufsteigenden Rängen von Sitzplätzen war jetzt neben dem kleinen altrömischen Amphitheater einer der Hauptveranstaltungsorte für das Ohrid Sommerfestival, das in diesem Jahr zum 50. Mal stattfand, und eben erst mit einem Konzert der russischen Philharmonie und russischen Solisten eröffnet worden war.

Auf dem Rückweg von Sveta Sofia durch die engen Straßen der Altstadt kamen wir an einem kleinen, rechteckigen Platz vorbei, der von uralten Häusern umgeben war und ich sagte: „Hier wohnt eine gute Bekannte."

Doch als ich genauer hinschaute, sah ich, dass das Dach ihres Hauses eingestürzt war, und ich nur noch eine Ruine vor mir hatte. Was war da nur geschehen? Wir setzten uns zu einer Verschnaufpause auf die niedrige Fensterbank eines alten Hauses und ich erinnerte mich:

Mirjana N. war eine der Angestellten der Stadtbibliothek von Ohrid, in der ich 2003 zwei Dia-Vorträge gehalten hatte, den ersten über 'Das Leben afrikanischer Frauen zwischen Dorf und Stadt' und den zweiten über das Jüdische Museum in Berlin. Wir hatten uns angefreundet und so lud ich sie zum Essen in ein einfaches mazedonisches Restaurant ein. Sie aß nur eine Suppe und nahm mich dann mit in eines der elegantesten Cafés der Altstadt zum Eisessen und Kaffee trinken. Dort saß schon ihr Mann, ein hoch gewachsener schlanker Herr mit grauen Schläfen. Er nahm mit großem Interesse zur Kenntnis, dass ich Deutsche war und schien anzunehmen, dass ich antisemitisch eingestellt sein müsste. In serbischer Sprache legte er los. Er könne die Deutschen ja so gut verstehen. Die Juden regierten mit ihrem Geld schon wieder die Welt und zettelten überall Kriege an. Meine unzureichenden Kenntnisse der serbischen Sprache und sein ständiger Redefluss erlaubten es mir kaum, seinen Hetzparolen etwas entgegenzusetzen, doch ich kochte vor Entrüstung und ich versuchte es wenigstens.

Bei meinem nächsten Besuch in Ohrid lud mich seine Frau zum 'Kaffee trinken' zu sich nach Hause ein. Sie wohnte mit ihm und ihren halbwüchsigen Söhnen Aleksandar und Philipp an dem kleinen Platz gleich hinter der uralten Kirche der Heiligen Sofia, in einem baufälligen Haus mit kleinen Fenstern. Die dunkle Wohnküche mit dem alten Kohlenherd schien eher zu einer Bäuerin zu passen als zu einer Bibliothekarin in der Stadtbücherei. Als sie mich gebeten hatte, am Küchentisch Platz zu nehmen, sagte sie daher entschuldigend:

„Wir haben bereits eine Eigentumswohnung im modernen Teil von Ohrid gekauft, aber mein Mann gehört zu einer der ältesten Familien der Stadt und ist sehr traditionsbewusst. So hängt er an seinem Elternhaus und möchte nicht woanders wohnen. Aber im nächsten Jahr werden wir es renovieren."

Nachdem sie mir eine Tasse Tee serviert hatte, trat aus einer der Türen im dunkelsten Winkel der Küche ihr Mann herein. Er hielt ein Buch in der rechten Hand und begann es gleich nach der Begrüßung anzupreisen. Darin stehe die volle Wahrheit über die Juden und über die unheilvolle Rolle, die sie seit Jahrhunderten in der Weltgeschichte spielten.

Ich wollte gar nicht wissen, um was für ein Buch es sich handelte und wer der Autor war. Erst einige Jahre später wurde mir klar, dass es sich wohl um die 'Protokolle der Weisen von Zion' handelte, eine seit über 100 Jahren zirkulierende antisemitische Hetzschrift, die von einer angeblichen Verschwörung der Juden zur Erlangung der Weltherrschaft durch Hinterlist und Gewalt berichtet. Auch den Nazis hatte diese Fälschung zur Untermauerung ihrer Ideologie gedient und sie wurde seit Jahrzehnten im Nahen Osten und offenbar auch auf dem Balkan verbreitet.

Ich versuchte etwas unbeholfen in der fremden Sprache Mirjanas Mann klar zu machen, dass ich antisemitische Parolen für gefährlichen Unsinn hielt, und dass 60 Jahre nach dem Ende des Zweiten Weltkriegs in Deutschland ein ganz anderer Geist herrschte. Nur extremistische Randgruppen seien antisemitisch, und ich sei stolz darauf, dass die jüdische Gemeinde in Deutschland in den letzten Jahren so schnell gewachsen sei. Bald darauf verabschiedete ich mich.

In meinem bunten Leben habe ich immer wieder jüdische Freundinnen gehabt, besonders in den Jahren in Afrika, und lange war ich etwas naiv der Meinung gewesen, dass der Antisemitismus in Europa längst der Vergangenheit angehörte. Nun war ich tief schockiert, denn in meinem ganzen Leben war ich noch nie so offen zur Schau getragenem Hass auf die Juden begegnet. Aber ich fragte mich, warum dieser Mann sich daran festklammerte. Es gab ja kaum noch Juden in Mazedonien. Lag es vielleicht an der schweren politischen und wirtschaftlichen Krise, unter der sein Heimatland, zunächst noch als ein Teil Jugoslawiens, und dann als unabhängige Republik nun schon seit über 20 Jahren zu leiden hatte, so dass er die Juden als Sündenböcke brauchte oder war er psychisch krank und litt unter Verfolgungswahn?

Bei meiner nächsten Begegnung mit seiner Frau brachte sie mir eine Mappe mit Farbkopien der schönsten und ältesten Ikonen aus den Kirchen von Ohrid mit.

„Mein Mann arbeitet bei der Stadtverwaltung im Fremdenverkehrsamt und diese Mappe hat er mir für Sie gegeben." sagte sie, dann meinte sie entschuldigend: „Er interessiert sich viel zu sehr für Politik. Ich höre da schon gar nicht mehr hin."

Blagarakija, der Karneval der Roma Frauen

Nach der Besichtigung der wichtigsten Kirchen von Ohrid, fuhren wir am Nachmittag noch mit einem Taxi auf die andere Seite der Bucht, an der die Stadt lag, dort wo in der Nähe der Strände die modernen Touristenhotels standen, dicht an einander gereiht wie die Glieder einer Kette.

Die meisten waren noch zur Zeit Jugoslawiens erbaut worden und damals von Touristen aus Holland und Deutschland bevölkert. Jetzt kamen die Feriengäste vor allem aus dem eigenen Land und aus Serbien. Dicht an dicht lagerten sie an den Stränden. Wir wanderten an ihnen vorbei. Im See zu baden hatten wir nicht eingeplant, und Uschi hatte ihre speziellen Badestöcke nicht mitgebracht. So kletterten wir hinauf zur höher liegenden Terrasse eines der Hotels, wo wir den Trubel gelassen überblicken und etwas trinken konnten.

Nach der erfrischenden Pause nahmen wir ein Taxi zum Busbahnhof von Ohrid, von wo aus wir mit einem Sammeltaxi zurück nach Bitola fuhren, wo uns der Fahrer gegen 19 Uhr vor der Haustür in Bair absetzte.

Azra saß wieder mit Gästen im Hof, diesmal waren es ihr jüngster Bruder Asim und seine Frau Nada, die Eltern von Bajram, Emin und der kleinen Sebihan. Ich mochte die fröhliche Nada, aber auch Asim und seine Begeisterungsfähigkeit sehr. Er hatte vielfältige Talente und probierte gern einmal etwas Neues aus. Zum Beispiel hatte er das Badezimmer meiner kleinen Wohnung gefliest, zwar nicht fachmännisch perfekt, aber immerhin. In erster Linie jedoch war er Musiker. Das Spielen auf dem Keyboard hatte er sich selbst beigebracht und nun begleitete er zusammen mit Bajram, seinem ältesten Sohn, der die Klarinette spielte, seinen Neffen Enis, einen begabten Sänger mit einer schönen, warmen Stimme. In der Sommersaison, besonders an den Wochenenden, hatten sie gut zu tun, spielten in ganz Mazedonien auf Familienfesten und in Musikcafés 'Zigeunermusik', aber auch populäre mazedonische und serbische Lieder.

Asim besaß für die Fahrten einen kleinen, roten BMW, den er im Hof seiner Schwester Azra parkte, wenn er zu Hause war. Heute, am Mittwoch, hatte er frei und wir erzählten ihm von unserer Fahrt nach Ohrid.

„Warum habt ihr nichts gesagt? Ich hätte euch hingebracht." sagte er, und ich hakte gleich nach:

„Ich würde gern nach Kruševo fahren. Da war ich noch nie."

„Und ich war seit meiner Kindheit nicht mehr dort. Am nächsten Mittwoch hätte ich Zeit. Ihr auch?"

„Ja, natürlich."

„Wunderbar, dann fahren wir nächste Woche hin."

Ich freute mich sehr auf die Fahrt nach Kruševo, war aber froh, dass wir am morgigen Tag in Bitola bleiben würden.

Es war immer noch sehr heiß.

Nach dem Abendessen kam Selma zu uns herauf und fragte:

„Möchtet ihr die Videos von Adies Hochzeit sehen?"

„Ja, sehr gern." erwiderte Uschi.

Selmas vier Jahre jüngere Schwester hatte vor drei Monaten in Wien einen Österreicher mazedonischer Herkunft geheiratet. Seine Eltern waren Roma aus Tetovo und aus Prilep, die nach Österreich ausgewandert waren. Im Oktober 2009 hatte die Verlobungsfeier und bald darauf die standesamtliche Trauung stattgefunden, Ende April die eigentliche Hochzeit.

„Ihr solltet euch das Video von der 'Blagarakija' ansehen. Das hat mein Bruder Ahmet aufgenommen." empfahl Selma.

„Was ist denn Blagarakija?" fragte Uschi.

„Das ist ein Freudentanz, eine Art Karneval der Frauen und der allerwichtigste Teil einer Hochzeitsfeier. Er wird nach der Hochzeitsnacht organisiert." sagte Selma.

„Für die Roma ist es unerlässlich, dass die Braut jungfräulich in die Ehe geht, Deshalb wird eine Frau reiferen Alters bestimmt, die 'Enghe', die während der Hochzeitsnacht vor der Tür des Brautzimmers wacht und nach vollzogener Ehe das Bettlaken als Beweis in Empfang nimmt." fügte ich hinzu.

„Oh, wie schrecklich!" rief Uschi aus.

„Ja, so ist es bei uns. Die Enghe benachrichtigt dann die Familie und die lädt alle Frauen aus der Verwandtschaft und aus der Nachbarschaft zur 'Blagarakija' ein." sagte Selma und ich fuhr fort: „Ich war am Tag nach Davids Hochzeit dabei. Er hat im Sommer 2005 ein Mädchen mazedonischer Herkunft aus Dortmund geheiratet. Aber es fing nicht gleich mit dem Tanz an. Während der Bräutigam und andere Männer draußen in einer Ecke des Gartens warteten, wurden die eingeladenen Frauen zuerst in die Wohnküche gebeten. Dort hatte die Enghe das Blut befleckte Bettlaken in eine große rosa farbene Schachtel in Herzform gepackt, und jedes Mal, wenn eine neue Besucherin hereintrat, lüpfte sie den Deckel und zeigte es vor. Dann sprach die neu Angekommene einen Segenswunsch aus und warf einen Geldschein in die Schachtel. Die wurde dann wieder zugemacht, bis die nächste Frau hereinkam. Die 'Nevesta', Davids junge Gattin, servierte allen Frauen Kaffee dazu und sagte im Vorübergehen leise auf Deutsch zu mir: „Das ist sehr genierlich, aber es muss sein. So sind nun mal unsere Sitten."

„Ja, so ist es, und wenn ich heirate, wirst du meine Enghe sein!" sagte Selma und lachte schelmisch.

„Niemals!" beteuerte ich. „Ich habe nichts gegen die Jung-
fräulichkeit, aber ich habe etwas gegen die Kontrolle, also ge-
gen die Rolle der Enghe. Deshalb habe ich auch beim Tanz
nicht mitgemacht, so wie Silvana, die Zeugin Jehovas."
„Blagarakija steht ja auch nicht in der Bibel." meinte Uschi.
„Als Enghe würdest du viele Geschenke bekommen."
„Ja, das habe ich bei Davids Hochzeit gesehen."
„Den ersten Teil hat Ahmet nicht gefilmt, nur den Karneval
der Frauen. Wollt ihr das Video sehen?"
„Ja, unbedingt!" sagte Uschi.
So gingen wir hinunter und setzten uns in die Wohnküche, wo
Selmas Bruder das Fernsehgerät mit dem Video in Gang setz-
te, und ich fragte: „Wo ist es denn aufgenommen worden?"
„Hier natürlich!"
"Aber Adie war doch schon einige Tage vor der Hochzeit in
Wien und da wurde gefeiert! Ihr wart doch auch dort."
„Ja, aber nach unserer Rückkehr hat die Enghe der Familie
des Bräutigams in Wien den Frauen in Bair über 'Messenger',
also über das Internet, das Bettlaken vorgeführt und dann
konnten wir hier in unserem Hof Blagarakija tanzen." sagte
Selma. Uschi und ich blickten einander etwas verblüfft an.
Der Fortschritt ließ sich auch in Roma Bair nicht aufhalten!
Während wir uns das Video ansahen, kamen andere Besuche-
rinnen und schauten eine Weile mit. Nura und ihre Schwägerin Nada, sowie Dschemals Frau und die Nachbarin, Samirs
Mutter. Auf dem Bildschirm sahen wir, wie Mevlude, Azras
älteste Schwester aus Belgrad, die Enghe für Bitola, vor die
Tür trat und bekannt gab, dass der Freudentanz beginnen
konnte, denn mit dem Bettlaken sei alles in Ordnung. Die
Braut war Jungfrau gewesen. Im Hof der Familie wimmelte
es bald von Oro oder Tschotchek tanzenden Frauen. Andere

spielten dazu auf dem Dajre, einen Tamburin, und sangen die alten Scherz- und Liebeslieder der Roma. Die Enghe ging umher mit einer Flasche Rakija und einem Schnapsglas in der Hand und schenkte allen Frauen der Reihe nach ein.

„Ihr seid doch Muslime!" sagte Uschi und Selma erwiderte: „Ja, aber wir haben auch unsere Roma Traditionen."

Ich kannte Mevlude gut, denn Selma und ich hatten sie zweimal auf der Durchreise in Belgrad besucht, wo sie mit ihrer Familie in einer bescheidenen Kellerwohnung in der Innenstadt lebte. Stolz zeigte sie die Geschenke, die sie als Entlohnung für die Erfüllung ihrer wichtigen Aufgabe erhalten hatte. Man hatte sie ihr mit Sicherheitsnadeln an die Kleidung geheftet. Meist waren es praktische Sachen, Handtücher, aber auch Unterhemden und warme Schlüpfer.

Azra, die Brautmutter, war mit einem weißen Überwurf bekleidet, als Zeichen dafür, dass sie ihr 'weißes Gesicht' bewahrt und die Unschuld ihrer Tochter erfolgreich gehütet hatte. Als alle Frauen mehr oder weniger vom Rakija berauscht waren, riss man ihn ihr vom Leibe und verbrannte ihn. Sie brauchte ihn nicht mehr, denn sie hatte ihre Rolle als Hüterin der Tochter ausgespielt.

„Alles hat Ahmet nicht gefilmt, denn es gibt Geheimnisse, die Männer und Kinder nicht wissen dürfen." sagte Selma und Uschi fragte: „Du kennst diese Geheimnisse?"

„Ja, natürlich."

„Dann solltest du mit Lilli zusammen darüber ein Buch schreiben." sagte Uschi, doch ich widersprach:

„Ich bin keine Soziologin, und den 'Roman der Roma' gibt es schon, auch ins Deutsche übersetzt."

„Von wem wurde er denn geschrieben?

"Von Muharem Serbesovski."

„Wer ist denn das?"

„Er ist ein Sänger und Musiker aus Skopje. Seine Erlebnisse als Sohn eines Lehrers in Topana, einem Stadtteil, wo vor allem Roma leben, hat er in zwei Bänden niedergeschrieben, 'Bunte Diamanten' und 'Zigeuner erster Klasse'. Den ersten Band gibt es sogar in der Berliner Blindenhörbücherei."

„Hast du den schon gehört, Selma?" fragte Uschi.

„Ja, sehr interessant, und du solltest das auch lesen." antwortete sie und Uschi fragte dann:

„Habt ihr auch ein Video mit der Braut?"

Natürlich gab es auch das, zunächst eins von den kosmetischen Vorbereitungen, als den Frauen und Mädchen am Vorabend der Feierlichkeiten die Handflächen mit Henna bemalt und gefärbt wurden. Wir schauten kurz hinein, dann wurde uns auch das Video von Adies Hochzeit gezeigt.

Sie galt in ihrer Familie als 'schwarz', denn ihre Hautfarbe war etwas dunkler als die ihrer Geschwister. Wegen meiner langen Jahre in Afrika konnte ich diese Unterscheidung nur schwer nachvollziehen und ich spottete gern darüber.

Für mich war sie einfach ein hübsches, junges Mädchen mit einer etwas zu langen Nase. Das hatte sie mit der ägyptischen Königin Kleopatra gemeinsam. Ihr Haar trug sie lang, gelockt oder hoch gesteckt, und immer etwas heller gefärbt, als ihre natürliche dunkle Farbe, so wie viele Romafrauen. Sie kleidete sich modisch, trug gern Miniröcke, war aber ein fleißiges Bienchen und die wichtigste Stütze ihrer berufstätigen Mutter. Fast zwei Jahre lang hatte sie die Doppelbelastung durch ihre Arbeit im Sozialamt und ihr Studium ausgehalten, ihre Prüfungen bestanden, und dabei noch im Haushalt geholfen.

Ob ihr Angetrauter so eine Perle verdient hatte?

Er war ein großer schlaksiger junger Mann von 23 mit hoher Stirn, und hatte rein gar nichts von dem schwarz gelockten, glutäugigen 'Zigeuner' des Clichés.

Hatte sie sich vielleicht gerade deshalb in ihn verliebt?

Nach einer Weile fragte Uschi in die Vorführung hinein:

„Wie haben sich die beiden denn kennen gelernt?"

„Über das Internet." sagte ich. „Als Adie 16 war, hatte sie sich zunächst in einen Medizinstudenten aus Resen verliebt, doch der bekam nach zwei Jahren eine religiöse Krise und wollte auf einmal eine acht Jahre ältere Lehrerin heiraten, die hier den Romamädchen Koranunterricht gab. Nach dem Abitur ging Adie zwei Jahre lang zur Pädagogischen Hochschule und kandidierte bei den Parlamentswahlen 2008 für die Partei der Roma, die mit der des späteren Wahlsiegers Nikola Gruevski gemeinsam antrat. So bekam sie einen Posten als Sachbearbeiterin beim Sozialamt, doch sie fand keinen passenden Mann unter den Roma von Bitola, aber ein Rom sollte es sein. So hat sie sich einen Partner aus dem Internet gesucht, mit dem sie zunächst Monate lang nur chattete. Als er für ein Wochenende nach Bitola kam, waren sie bereits in einander verliebt und verlobten sich sogleich. Bei seinem nächsten Besuch im Oktober fand die standesamtliche Trauung statt, damit sie ihr Langzeitvisum für Österreich beantragen konnte.

„Und wie gefällt es ihr in Wien?" fragte Uschi.

„Anfangs hatte sie es sehr schwer, denn Schwiegermutter und Schwiegervater waren zu ihr in die Wohnung gezogen, doch ihr Mann schaffte es, seine Eltern zu überzeugen, wieder in ihre eigene Wohnung zurückzugehen. Im Moment geht es ihr gut, aber sie hat noch immer Heimweh." sagte Selma.

Auf dem Weg nach Heraklea Linkestis

Der Weg von Roma Bair nach Heraklea Linkestis wäre eine vielseitige, etwa einstündige Wanderung, zunächst hinunter zum Dragor, dann in Höhe der Musikschule über einen der Fußgängerstege aus Kruppstahl, den Wasserlauf entlang bis zum Saat Kula, dem Uhrturm, durch die gepflegte kleine Grünanlage, über den Magnolia Platz, entlang dem Schirok Sokak, dem Korso, in seiner ganzen Länge, vorbei an den alten Bürgerhäusern, der kleinen katholischen Kirche, dem Theater mit der Manaki Statue, dem Hotel Epinal mit seinem Casino, dem Café Korso und dem Restaurant El Greco, bis zu den Sandvitscharas am Eingang zum Stadtpark, durch die frisch renovierte Grünanlage mit der Galerie junger Helden aus dem Partisanenkampf, bis zum 'Imperator' mit Restaurant und Schwimmbad. Dort geht es aber nicht bergauf zum Zoo und zum ehemaligen Tumbecafé, sondern zunächst nach links auf die Autostraße nach Griechenland, vorbei am alten Bahnhof und den still gelegten Fabriken, dann nach rechts in den Fußweg nach Heraklea, an dem die Friedhöfe der christlichen Gemeinden liegen, als letzter gleich am Eingang zur Ruinenstadt der der Katholiken. Aber mit Uschi war diese Wanderung nicht möglich. So beschlossen wir, aus der Strecke zwei Etappen zu machen und uns zunächst am Eingang zum Stadtpark das Museum anzusehen.

Das Gebäude mit seinen vier Flügeln war um einen rechtwinkligen Innenhof angeordnet, auf dem die Schüler der Militärakademie exerziert hatten und in dem jetzt Freilichtkonzerte stattfanden. Im Erdgeschoss waren früher Pferdeställe gewesen, jetzt arbeiteten dort die Historiker und Experten des

'Instituts'. Die ständige Ausstellung des Historischen Museums, die man über eine breite, mit roten Teppichen belegte Treppe erreichte, befand sich im Obergeschoss. Links ging es zu den Atatürk gewidmeten Räumen, aus denen eine türkische Reisegruppe, die ihre Besichtigung beendet hatte, gerade herauskam, rechts zum Stadtmuseum, in dem uns in einem einzigen langen Raum ohne Zwischenwände, dem ehemaligen Schlafsaal der Kadetten, einmal hin und einmal zurück, auf einem doppelten Zeitstrahl, die lange Geschichte der Stadt begegnete, von der Steinzeit bis zum 2. Weltkrieg, den Partisanenkämpfen und dem Holokaust. Über die 500 Jahre Türkenzeit gab es nur wenig.

„Sehr gut gemacht!" sagte Uschi trotzdem. „Das müssen wir uns später noch mal in Ruhe ansehen. Heute ist es zu heiß."

Wir gingen hinaus durch den kleinen gepflegten Vorgarten, und warfen vor dem Überqueren der Straße kaum einen Blick auf den mit Graffiti verschmierten Betonbrunnen ohne Wasser aus dem 'Goldenen Zeitalter' des Sozialismus. Wir ließen ihn links liegen und strebten auf eine 'Sandvitschara' zu, bei der wir einen Sitzplatz, ein Mittagessen und etwas zu trinken fanden. Wegen der Hitze beschlossen wir dann, auf einen Spaziergang durch den Park zu verzichten und nahmen stattdessen ein Taxi, das uns zum Orthodoxen Friedhof brachte, wo ich das Grab eines Freundes besuchen wollte.

Wir setzten uns am Eingang auf eine Bank und schauten uns um. Das leicht ansteigende Gräberfeld mit den Gedenksteinen lag am Fuß eines Hügels, dessen Abhänge in Terrassen gestuft waren, auf denen schon die Gärtner von Heraklea Linkestis ihre Feldfrüchte angebaut hatten. Jahrtausende schauten auf uns herab! Mir wurde ganz andächtig zu Mute.

„Wer ist denn hier beerdigt?" fragte Uschi.

„Ein persischer Freund namens Farschid, Baha'i wie ich, der aus Österreich, wo er seit seinem Studium lebte, regelmäßig nach Bitola gekommen war, um zu helfen, unseren neuen Glauben zu verbreiten. Dabei dienten ihm seine medizinischen und homeopathischen Kenntnisse, die er seinen Mitmenschen kostenlos zur Verfügung stellte, denn er war Anästhesiearzt im Ruhestand, so wie du. Nach einem schweren Autounfall war er geh behindert und litt häufig unter Schmerzen. Anfang Oktober 2006, während der Herbstferien, erlitt er hier in Bitola am Steuer seines Autos einen Herzinfarkt und verstarb mit 67 Jahren. Ich war gerade hier, und wegen der Herbstferien waren Gott sei Dank noch ein halbes Dutzend andere Baha'i aus Deutschland zu Besuch.

Da es hier nur eine einzige mazedonische Baha'ifamilie gibt, fiel unserem Freund Dime die Aufgabe zu, eine Grabstätte auf einem der Gemeindefriedhöfe zu finden, da es für Baha'i keinen gibt, Er fand sie hier auf dem orthodoxen Friedhof am Weg nach Heraklea Linkestis. Der der Muslime kam nicht in Frage, denn obwohl der Baha'i Glaube mit seiner neuen Offenbarung anfangs als Sekte des Islam galt, wird er in den meisten islamischen Ländern hart verfolgt."

„Ja, davon habe ich schon gehört." sagte Uschi.

„Die Freunde aus Deutschland nahmen in der Leichenhalle des Krankenhauses die Waschungen vor und wickelten den Leichnam in ein Leintuch, bevor er in den Sarg gelegt und zum Friedhof gebracht wurde."

„Hattest du auch eine Rolle bei der Bestattung?"

„Ja, ich sollte das lange Totengebet der Baha'i sprechen, das war aber nicht so einfach, denn man muss am Schluss sechs verschiedene Verse je 19 Mal wiederholen und man möchte sich ja nicht verzählen."

„Warum 19 Mal?"

„Die Zahl 19 symbolisiert die Einheit, Einheit Gottes, Einheit der Religion, Einheit der Menschheit."

„Das musst du mir später noch genauer erklären. Wie war das bei der Beerdigung?"

„Wir waren ein Dutzend Trauergäste und standen um das offene Grab herum. Es lag ganz nahe an dem Zaun, hinter dem der serbische Soldatenfriedhof aus dem 1. Weltkrieg begann, zur anderen Seite aber auch nahe an dem kleinen Zoo von Bitola. Als ich mich konzentrieren musste, um jeden der sechs Verse jeweils 19 Mal zu sprechen, begann der einsame Löwe nebenan im Zoo laut zu brüllen, mehrmals und immer dringlicher. Um nicht die Fassung zu verlieren, sagte ich mir, dass er unseren Schmerz mitfühlte und an unserer Trauer Anteil haben wollte. So brachte ich das Totengebet würdig zu Ende."

„Du hättest auch einen Lachanfall bekommen können."

„Gott sei Dank ist das nicht passiert. Freud und Leid, Leben und Tod liegen oft so nahe beieinander."

Uschi wollte nicht mitgehen, als ich anfing, auf dem leicht ansteigenden Gräberfeld die Stufen hinaufzuklettern, um Farschids Grab wiederzufinden. Ich orientierte mich an den rot-blau-weißen Farben der Kreuze auf dem serbischen Soldatenfriedhof und fand es bald. Die Gemeinde hatte eine Grabplatte aus weißem Prilep Marmor mit dem Namen und den Lebensdaten des Freundes auflegen lassen. Von seiner Familie war in vier Jahren noch niemand gekommen. Die Schwester in Innsbruck hatte kein Geld für die Reise, die getrennt lebende Ehefrau und die Stieftöchter aus Kirgistan erst recht nicht. So nahm ich mir vor, dieses einsame Grab von nun an regelmäßig zu besuchen.

Als wir wieder zusammen auf der Bank am Eingang zum Friedhof saßen, telefonierten wir nach einem Taxi, das uns nach Bair, zurückbringen sollte. Während wir warteten, sagte Uschi: „Ich habe nicht den Eindruck, dass du sehr eifrig bist bei der Verbreitung des Baha'iglaubens in Mazedonien."

„Du hast Recht. Ich verspüre nicht mehr den Drang, meine Mitmenschen zu überreden, meine Vorstellungen mit mir zu teilen. Ich glaube, da bin ich sehr preußisch. Jeder soll auf seine Fasson selig werden. Ich bin für religiöse Toleranz."

„Du versuchst nicht, Selma und ihre Familie zu bekehren?"

„Nein, niemals, ich möchte nicht, dass sie glaubt, dass ich nur deshalb mit ihr befreundet bin. Zudem kann ich als Deutsche meiner Generation nur schwer die absolute Autorität, die eine Manifestation Gottes beansprucht, anerkennen. Daraus höre ich viel zu sehr: 'Der Führer hat immer Recht, oder die Partei hat immer Recht'."

„Du bist also skeptisch geworden."

„Ja, ich habe mich von einer skeptischen Katholikin zu einer skeptischen Baha'i entwickelt, obwohl ich die Grundlehren dieser Religion immer noch sehr gut finde und dabei bleibe."

Da kam das Taxi und wir stiegen ein.

Zu Hause angekommen, fragten wir Selma, ob sie Lust habe, am Abend mit uns nach Heraklea zu kommen. Das Mazedonische Philharmonie Orchester spiele Filmmusik.

„Filmmusik? Nein, das interessiert mich nicht, ich gehe doch nie ins Kino. Ich habe gerade neue Hörbücher aus Berlin bekommen und möchte mich damit beschäftigen."

„Gut, wie du meinst. Bleib bei deinem Kopfkino! Aber magst du morgen mitkommen ins 'Garden Image', dort wo unser Baha'i Freund Dime als Kellner arbeitet?"

„Ja, gern. Kommt seine Frau auch?"

„Vielleicht, wir können sie ja anrufen und einladen."

„Wisst ihr, wohin ich gern fahren würde?" fragte Selma.

„Nein? Wohin?"

„Zum Pivofest nach Prilep."

„Zum Bierfest? Warum denn das?"

„Dort gibt am Samstagabend Ceca ein großes Konzert."

„Wer ist denn Ceca?" fragte Uschi.

„Das ist eine berühmt-berüchtigte Popsängerin aus Belgrad. Sie war mit Akan, einem serbischen Milizenführer verheiratet, der die aggressiv nationalistische Politik von Milosevic unterstützte, aber ermordet wurde. Ihre Musik nennt sich Turbofolk. Das sind modern arrangierte, sentimentale Schlager auf Folklorebasis und sie sind zur Zeit sehr populär auf dem Balkan." erklärte ich.

„Wie weit ist Prilep von hier?"

„Etwa 42 km."

„Und wie kommen wir hin?"

„Vom At Pasar aus gibt es zu jeder Zeit Sammeltaxis."

„Dann können wir ja am Samstagnachmittag hinfahren."

„Wunderbar." freute sich Selma.

Nach dem Abendessen, gegen 20 Uhr, fuhren Uschi und ich wieder los Richtung Heraklea. Für das Konzert des Philharmonie Orchesters war es noch zu früh, aber wir wollten uns die Fußbodenmosaiken mit der einheimischen Fauna ansehen, die von der byzantinischen Basilika übrig geblieben waren. Es war noch Tag hell, als wir das eingezäunte Gelände betraten und uns nach links auf die Ruinenstadt zu wandten. Aber auf dem altrömischen Pflaster der schmalen Straße zwischen den Resten des Gerichtssaals und des Badehauses kamen wir nicht weit, denn wir wurden zurückgepfiffen vom Türsteher am Eingang, der so kurz vor dem Konzert keine Besichtigung mehr zulassen wollte. Wir nahmen uns aber die Zeit, um uns eines der schönen Tiermosaike mit einem großen bunten, einheimischen Vogel anzusehen.

„Die Ausgrabungen sind noch längst nicht abgeschlossen. Es wird immer noch viel entdeckt. Im Sommer 2005 habe ich hier an einem Archäologie Workshop mit jungen Leuten aus Frankreich, Mazedonien und Albanien teilgenommen. Wir hatten ein Arbeitszelt, wo wir neu aufgefundene Tonscherben reinigten. Der archäologische Berater vom Museumsinstitut zeigte uns auch eine Grube am Eingang zum Amphitheater und sagte, dass wir dort weitergraben könnten, dann verschwand er und wurde nicht mehr gesehen." erzählte ich.

„Und was habt ihr ausgegraben?" fragte Uschi gespannt.

„In meinem Beisein nichts, aber wir hatten viel Spaß."

Der Einlass zum Konzert hatte begonnen. Am Eingang stand wieder Toše Ivanovksi, der Mitarbeiter des Bürgermeisters. Auch diesmal zahlten wir keinen Eintritt, aber es gab Programmzettel, die von hübschen jungen Mädchen verteilt wurden, und ich fragte mich, womit der Bürgermeister das Bitola Sommerfest finanzierte, welche Sponsoren er gefunden hatte.

Der Aufgang zu dem weiten Rund der Zuschauerränge war etwas beschwerlich, aber dann saßen wir oben, und mit ein wenig Phantasie fühlten wir uns um 2000 Jahre zurückversetzt. Aber was hatte man damals auf der Bühne unten dargeboten? Die Komödien des Aristophanes oder altgriechische Tragödien? Von der Lyra begleitete Heldengesänge über Alexander den Großen oder christliche Mysterienspiele? Was für eine Theaterkultur hatten die Byzantiner auf dem Balkan? Interessante Frage, auf die ich noch keine Antwort wusste.

Als das Orchester mit den Musikinstrumenten aus unserer Zeit den Bühnenraum betrat und auf die Leinwand Auszüge aus berühmten Filmen projiziert wurden, waren wir wieder in der Gegenwart angekommen. Unsere Aufmerksamkeit war nun geteilt zwischen Bildern und Klängen, wobei die Musik und nicht der Film im Vordergrund standen, eine ganz neue Erfahrung!

Ein Sommerwochenende in Pelagonija

Auch am Freitagmorgen schien die Sonne heiß vom blauen Himmel. So legten wir einen Ruhetag ein, gingen nur kurz in die Stadt zum Einkaufen und am Abend zum Essen, diesmal jedoch in das kleine Gartenlokal hinter der Musikschule, in der unser Freund Dime als Kellner arbeitete. Im Restaurant saßen nur wenige Gäste und er hatte Zeit, sich mit uns zu unterhalten. Seine Frau Biljana hatte nicht kommen können.

Wie Vantscho, der Taxifahrer, sah auch er aus wie der 'typische' Mazedonier, war kräftig gebaut, hatte kurzes schwarzes Haar und grob gezeichnete Gesichtszüge, aber freundliche Augen und runde Wangen. Er war etwa 40 und hatte mit seiner blonden Frau drei Kinder. Beide hatten ihr Universitätsstudium abgebrochen und jung geheiratet, weil ihr erstes Kind unterwegs war. Biljana war jetzt Vorarbeiterin in einer Keksfabrik, machte Überstunden, wenn die Firma viele Aufträge hatte, und wurde nach Hause geschickt, wenn es keine gab.

Während ihrer Arbeit betreute ihre Mutter die Kinder. Alle wohnten sie zusammen in Novi Bitola in einer Zweizimmerwohnung. Die Großmutter schlief auf einer Couch in der

Wohnküche, die Söhne im Wohnzimmer, und das Ehepaar mit der kleinen Tochter im Schlafzimmer. Beengte Wohnverhältnisse gab es nicht nur bei den Roma! An diesem Abend hatte Dime jedoch eine gute Nachricht. Es war ihm gelungen, die zu viel zu kleine Wohnung günstig zu verkaufen und stattdessen ein Haus beim At Pazar an der Straße nach Prilep zu erwerben, das Platz für die ganze Familie bot.

Leider gab es aber auch eine schlechte Nachricht. Das Restaurant 'Garden Image' lief nicht gut und machte keinen Profit. Deshalb sollte es Ende August geschlossen werden. Aber Dime war zuversichtlich, dass er bald wieder Arbeit finden würde, denn er hatte selbst und durch seinen Vater, Schauspieler am Stadttheater, viele gute Kontakte.

Selma aß gebackenen Camembert, sie war Vegetarierin, denn sie hatte Mitleid mit den armen Tieren. Uschi und ich versuchten es mit Skara, gegrilltem Fleisch, das es als Lovači, Ĉevapčiči, Ražniči oder Pleskavici gab. Auch nach Jahren konnte ich sie nicht auf Anhieb auseinander halten. Alle waren irgendwie aus Hackfleisch und schmeckten sehr gut.

Am nächsten Tag, es war Samstag, machten wir uns am späten Nachmittag vom At Pasar aus mit dem Sammeltaxi auf den Weg in die 42 km entfernte Nachbarstadt Prilep, der Hauptstadt des Tabakanbaus im Norden der Pelagonischen Ebene. Sie war umgeben von hohen Bergen mit schroffen Gipfeln, in denen alte orthodoxe Klöster nisteten, wie das von Treskavec und das des Heiligen Michael, aber auch große Steinbrüche, wo der Prilep Marmor gefördert wurde.

Ich kannte die Gegend ein wenig von vielen Durchfahrten mit Bus oder Bahn, besonders aber von einem Ausflug, den ich fünf Jahre zuvor mit den Teilnehmern des von der Alliance

Française in Bitola organisierten Archäologie Workshops gemacht hatte. Wir hatten die Ausstellung traditioneller Volkstrachten besichtigt, waren im Ikonenmuseum gewesen, und vom Kloster des Erzengels Michael aus über Stock und Stein hinaufgeklettert zu dem riesigen Kreuz, das die Stadt nach dem Ende des Sozialismus hoch oben auf einem Berggipfel aufgerichtet hatte, zum Zeichen, dass Jesus Christus wieder über das Land herrschte. Vorbei an den Überresten der steinernen Festung des legendären Königs Marko, den „Markovi Kuli", waren wir dann auf gebahnten Wegen zurück in die Stadt gegangen. Vielleicht war es die letzte längere Bergwanderung meines Lebens gewesen. Jetzt nach überstandener Brustkrebserkrankung und Chemotherapie würde ich das sicher nicht mehr schaffen.

Auch die Stadt Prilep hatte wie Bitola ihre Fußgängerzone, ihren Korso, mit einem türkischen Uhrturm, aber nicht ganz so viele Einwohner und schöne alte Häuser. Das Taxi setzte uns am oberen Ende des Korso ab und wir begannen, uns durch die immer dichter werdenden Bier trinkenden Massen in Richtung der Freilichtbühne zu bewegen, auf der Ceca, die berühmte Turbofolksängerin, auftreten sollte.

Je näher wir kamen, desto dichter wurde das Gedränge. Sitzgelegenheiten in den Cafés, von denen aus man die Show hätte sehen und hören können, ohne von den benachbarten, laut dröhnenden Musikboxen und Lautsprechern gestört zu werden, gab es schon lange keine mehr. So kämpften wir uns bis ans Ende des Korso durch, die blinde Selma rechts bei mir eingehakt, Uschi auf zwei Krücken hinterher. Schließlich fanden wir drei Sitzplätze, von denen wir die Sängerin, durch Boxen verstärkt, zwar noch hören konnten, sie aber nicht mehr sahen, jedenfalls nicht im Original, sondern nur noch auf einer Ecke der Großleinwand, auf die die ganze Show übertragen wurde. Doch Selma konnte sowieso nichts sehen, bekam aber 'ihre' Ceca zu hören und war zufrieden.

Uschi und mir war sie gleichgültig, denn die Texte verstanden wir nicht. Echte Balkanfolklore wäre uns lieber gewesen. Schließlich hatte ich nur noch einen Gedanken: „Nie wieder Pivofest in Prilep!"

Aber vielleicht hätte es uns gefallen, wenn auch wir reichlich Bier getrunken hätten und in Bierseligkeit verfallen wären!

Am Sonntagmorgen schliefen wir alle recht lange.

Als ich auf den Balkon trat, rief mich, wie gewohnt, die kleine Sekija: „Baba Lili, Baba Lili! Kako si?"

Aber diesmal war sie nicht allein. Mit ihr spielten ihre kleine Kusine Sebihan und Selmas Nichte Maja, die Tochter ihrer Halbschwester Esma. Auf der Straße im Schatten unserer Hofmauer lärmten fröhlich Samir und Söhne.

Als Uschi und ich beim Brunch saßen, kam Azra die Außenbordtreppe hinauf und begann die nasse Wäsche, die sie aus der Waschmaschine in einen Korb gepackt hatte, auf die Trockengestelle vor meinem Zimmerfenster zu hängen. Der Sonntag war der einzige Tag in der Woche, an dem sie nicht zu ihrem Stand auf dem Markt ging, um billige Textilien zu verkaufen. So konnte sie sich um ihren Haushalt kümmern.

Mir war in der ganzen vergangenen Woche aufgefallen, dass sie gedrückter Stimmung war. Adie, ihre jüngere Tochter, fehlte ihr offenbar sehr. Sie war nicht mehr da, um ihr zu helfen, Selma konnte nicht helfen, da ihr niemand beigebracht hatte, etwas im Haushalt zu tun. Der 17 jährige Ahmet war ein Mann und rührte keinen Finger, ging höchstens zum Kaufmann an der Ecke, um Getränke oder Brot einzuholen.

Als ich Azra kennenlernte war sie schon seit zehn Jahren Witwe, aber mit ihren 36 Jahren noch jugendlich schlank. Ihr hübsches, gebräuntes, regelmäßiges Gesicht blieb meist ungeschminkt, ihr langes dunkles Haar färbte sie sich immer etwas heller. Bei Hochzeiten und anderen Familienfesten feierte und tanzte sie fröhlich mit. Jetzt sechs Jahre später, war sie korpulenter geworden. Das lag wohl an dem fetten Essen und an dem vielen Weißbrot, das in Mazedonien zu jeder Mahlzeit gegessen wurde. Oft wirkte sie jetzt müde und erschöpft, irgendwo tat ihr immer etwas weh, die Schulter, der Rücken. Uschi hatte schon versucht, ihr mit chinesischer Massage und Akupunktur zu helfen.

Als meine Kenntnisse der mazedonischen Sprache ausreichten, hatte sie mir von ihrer Ehe erzählt. Sie war 15 gewesen, als sie heiratete. Mit 16 hatte sie ihr erstes Kind, die blinde Selma, geboren. Die Entbindung hatte sich über drei Tage hingezogen, aber die Ärzte hatten nicht früh genug eingegriffen. Ihr Mann war 10 Jahre älter, geschieden, und hatte aus erster Ehe die Tochter Esma, die bei ihrer Mutter lebte. Er verbrachte seine Nächte oft mit anderen Frauen und war nicht viel zu Hause. Neben seiner Arbeit in einer Glasfabrik zog er am Wochenende als erfolgreicher Amateurboxer durch die Lande, kam von den Siegesfeiern angetrunken zurück und verprügelte seine Frau. Die war Sklavin und Hausmädchen für seine ganze Familie, kochte, putzte und wusch für bis zu 11 Personen, wenn die Schwägerin mit Familie aus Deutschland zu Besuch war. Dank oder Anerkennung bekam sie dafür von ihrer Schwiegermutter nie, von ihrem Schwiegervater gelegentlich. Nach elf Jahren Ehe, als Selma 10 gewesen war, Adie 6 und Ahmet 1 Jahr alt, starb ihr Mann an Magenkrebs, den er sich angeblich zugezogen hatte, aus Kummer darüber, ein blindes Kind in die Welt gesetzt zu haben.

Selma hatte ihren Vater sehr geliebt, Azra wollte nie wieder etwas von einem Mann wissen und widmete sich ganz der Erziehung ihrer drei Sprösslinge und der Fertigstellung ihres Hauses, das sie und ihre Kinder nach Roma Sitte geerbt hatten, da ihr Mann der jüngste Sohn der Familie gewesen war.

Sie war nun fertig mit dem Aufhängen der Wäsche und kam zu uns herein, grüßte und setzte sich.

„Was macht Selma?" fragte Uschi.

„Die schläft noch." antwortete ihre Mutter und fuhr fort: „Heute Nachmittag feiert mein Onkel Dschevdet die Geburt seines jüngsten Enkels. Alle sind eingeladen."

„Danke sehr! Ich freue mich sehr darauf. Aber ich wundere mich, dass es in diesem Sommer kaum Svadbas gibt."

„Die Leute haben kein Geld. Deshalb verschieben sie ihre Sunets auf später und feiern nur kleine Hochzeiten." erwiderte Azra. Dann ging sie wieder hinunter an ihre Hausarbeit.

Ich übersetzte für Uschi, was sie gesagt hatte.

„Was ist denn eine Svadba?" fragte sie.

„Das ist ein großes Familienfest."

„Und ein Sunet?"

„Das ist die Beschneidung der kleinen Söhne. Die wird meist vollzogen, wenn sie vier oder fünf Jahre alt sind."

Da hörten wir auf der Treppe das bekannte 'Platschplatsch' von Selmas Schritten. Wie meistens trug sie irgendwelche viel zu großen Hauslatschen, die vor der Tür auf der Matte bereit gestanden hatten, denn man trat niemals mit Straßenschuhen in die mit Teppichen ausgelegten Wohnräume. Trotz ihrer geringen Körpergröße und ihrer kleinen Füße trat sie energisch und hörbar auf und hielt sich dabei am Balkongeländer fest. Die Tür zu meinem Zimmer stand wegen der Hitze offen, und mit ausgestreckten Armen und Händen sich absichernd trat sie ein und fragte: „Wie geht es euch?"

„Sehr gut. Setz dich bitte!" sagte ich.

„Was habt ihr heute vor?" fragte sie.

„Deine Mutter hat uns gerade eingeladen. Ihr Onkel feiert heute die Geburt seines jüngsten Enkels."

„Ja, er ist der jüngere Bruder meines Großvaters und seine Söhne sind kaum älter als wir. Der jüngste hat erst voriges Jahr geheiratet und seine Frau hat vor ein paar Wochen einen Jungen geboren. Die beiden haben sich jedoch inzwischen getrennt, und das Kind ist bei der Mutter geblieben, Trotzdem hat die Familie beschlossen, seine Geburt zu feiern."

„In Deutschland werden mehr als ein Drittel aller Ehen geschieden. Ich habe den Eindruck, dass sie bei euch, wo so früh geheiratet wird, nicht viel stabiler sind als bei uns."

„Du hast Recht. Die Mädchen heiraten oft mit 15 und die Jungen mit 17, aber viele trennen sich schnell wieder. In der Familie meiner Mutter sind nur noch Enisa und Atso, sowie Mevlude in Belgrad mit ihrem ersten Partner zusammen. Mirems Ehe endete in einer Katastrophe und ihr Mann ist wieder verheiratet. Meine Mutter war die zweite Frau meines Vaters. Auch Nura, Dschemal und Asim sind in zweiter Ehe verheiratet."

Wir waren noch immer beim Thema 'Beziehungen zwischen Mann und Frau', als ich aufhorchte. Von der Straße her kam der helle Klang einer Soloklarinette, schmeichelte sich mit schnellen Rhythmen in die Ohren hinein.

„Wer spielt da?" fragte ich überrascht.

„Das ist Bajram, der älteste Sohn von Asim."

Ich lauschte eine Weile und war so bewegt, dass ich vor Rührung eine Gänsehaut bekam. Wie nur hatte dieser Junge, den ich als 10jährigen zappelig und unkonzentriert erlebt hatte, kaum fähig meinem Englisch Unterricht zu folgen, so wunderbar Klarinette spielen gelernt? Nach kurzer Zeit kam der Klang des Keyboards hinzu, das sein Vater Asim spielte, und dann die klare Stimme seines Vetters Enis, der die schönsten 'Zigeunerlieder' sang. In der Musik der mazedonischen Roma ist die Klarinette das Soloinstrument, nicht wie anderswo die Geige oder die Gitarre.

„Wollen wir hingehen?" fragte ich meine Freundin.

„Ja, auf jeden Fall. Kommst du mit, Selma?"

„Nein, ich habe keine Lust." erwiderte sie und ich mahnte: „Du solltest mehr aus dem Haus gehen!"

„Ja, aber später. Jetzt möchte ich meinen Jorge Amado hören. Gestern hatte ich ja keine Zeit dazu."

„Ja, gestern war Pivofest in Prilep." sagte ich grinsend.

Uschi und ich gingen hinaus auf die Straße. Das Haus von Selmas Großonkel Dschevdet lag gleich hinter dem seines Bruders Emin, da wo die Straße steiler wurde. Asim und seine Musiker hatten sich im Schatten einer Hauswand an der Straßenecke niedergelassen und der 16jährige Bajram blies voller Inbrunst in seine Klarinette. Fasziniert hörte ich zu, wie einer 'meiner' Jungen seinem Instrument reine himmlische Töne entlockte. Er war, wie sein Vater, höchstens mittelgroß, eher dünn als schlank, hatte wie einige andere Mitglieder der Familie eine etwas zu lange Nase. Seine Frisur konnte man als 'Hahnenkammschnitt' bezeichnen, der bei vielen Jungen in seinem Alter gerade in Mode war. Seine Hautfarbe war weder sehr dunkel noch besonders hell.

Wir gingen hinein zu Mirem. Sie saß auf der Terrasse, aber nicht im Rollstuhl, sondern auf einer Matte, und lauschte auch. Wir setzten uns zu ihr und ich sagte:

„Bajram spielt fantastisch."

„Ja, dafür hat er in den letzten Jahren fleißig geübt."

Da begann ihr Neffe Enis zu singen.

„Verstehst du die Texte?" fragte ich.

„Nein, ich weiß, worum es geht, aber ich kann nicht Romani, wie wir alle hier in Bitola. Wir sprechen nur Mazedonisch."

„Wie geht es deinem Sohn in Amerika?"

„Sehr gut, er hat Arbeit gefunden und spricht Englisch."

„In welchem Jahr hat er geheiratet? War das nicht 2006?"

„Ja, richtig." sagte Mirem und ich erklärte Uschi:

„Als ich im Frühjahr 2006 hier war, wurde ich gefragt, ob ich ein nettes deutsches Mädchen kenne, das ihn heiraten würde. Er sei Elektriker, finde aber in Bitola keine Arbeit. Nur wenige Tage später hieß es, er habe sich mit Mary, einer Amerikanerin mazedonischer Herkunft aus New York verlobt."

„Auch eine Romka?" fragte Uschi.

„Ja, natürlich. Sie war hergekommen, um sich hier in der Heimat ihrer Eltern einen Mann zu suchen. Ich lernte sie dann später kennen, als sie Azra und Familie besuchte. Sie war eine hübsche junge Frau, allerdings sehr korpulent. Sie sprach natürlich fließend Englisch und erzählte mir, dass sie bei der Feuerwehr arbeitete und kontrollierte, ob die Brandschutzbestimmungen in den Restaurants eingehalten wurden."

„Sicher eine qualifizierte, interessante Arbeit!" meinte Uschi.

„Sie kam im Sommer zurück und die Hochzeit wurde gefeiert. Mirem und ihre Familie waren nicht eingeladen, doch das Brautpaar kam sie besuchen, in weißem Brautkleid und Smoking. Nach dem Fest reisten sie ab in die USA."

„Und jetzt hat Mirem ihren Sohn erneut verloren." sagte Uschi, aber ich wandte ein:

„Er schickt ihr regelmäßig Videos. Ich habe das von den Flitterwochen gesehen, irgendwo unter südlicher Sonne, in Florida oder auf einer Karibikinsel, wo genau, konnte mir keiner sagen. In Geographie kennt man sich nicht so aus."

„Obwohl die Roma angeblich so viel reisen." sagte Uschi.

„Sie reisen der Arbeit hinter her, weil es hier keine für sie gibt. Wohin genau ist da nicht so wichtig "

Die Musik wurde immer verlockender und Mirem fragte:

„Willst du nicht mitmachen? Das ist ein Oro, den kannst du doch tanzen!"

So gingen wir hinaus und ich trat in den Kreis der Tanzenden, fasste Nura bei der Hand und auf der anderen Seite ihren Vater Emin. Den speziellen Tanzschritt des Oro machte ich nach Gefühl, wie, kann ich daher nicht erklären, aber es klappte gut und machte einen Riesenspaß. Doch wie auch beim Wandern ermüdete ich nach einiger Zeit und gesellte mich zu Uschi, die am Rand auf einem Stuhl saß und von daher zuschaute. Dort wurden uns nun Getränke und süßes Gebäck angeboten. Doch dies war nur eine Art Kindstaufe oder Namensfeier und schon gegen 19 Uhr war Schluss.

So fuhren wir zum Abendessen wieder in die Stadt.

Vorher telefonierte ich noch mit Tanja, der einzigen Frau, die in Bitola Taxi fuhr und verabredete mit ihr, dass sie uns am nächsten Morgen in das Naturschutzgebiet Galičica und nach Sveti Naum fahren sollte. Sie war Mazedonierin, aber in Österreich aufgewachsen und sprach fließend Deutsch. Das würde mir das Übersetzen ersparen.

Über die Berge nach Sveti Naum

„Man sollte den Naturpark Galičica ja eigentlich zu Fuß erkunden. Doch das schaffe auch ich nicht mehr. Aber zum
Wandern fällt mir eine schöne Geschichte ein. Magst du sie
hören?" sagte ich zu Uschi beim Frühstück.

„Ja, fang nur an damit. Ich bin es ja gewöhnt."

„Vor zwei Jahren kam ich mit Selma mit der Bahn zurück aus
Skopje, wo wir ihr Visum beantragt hatten. Auf halber Strecke, in Bogomila, mitten in den Bergen, stieg eine Gruppe
blonder Rucksacktouristen in den Zug ein und marschierte an
unserem Abteil vorbei. 'Ich glaube, die sprechen Deutsch.'
sagte Selma aufgeregt. Da ich inzwischen auch ein wenig zu
einer neugierigen Mazedonierin geworden war, ging ich den
jungen Leuten hinterher, hörte aber bald, dass sie eine slawische Sprache sprachen. 'Möchtet ihr nicht in unser Abteil
kommen? Meine Begleiterin ist blind und würde sich gern
mit euch unterhalten.' sagte ich trotzdem auf Deutsch und
bald saßen alle fünf, eine junge Frau und vier junge Männer
mit uns zusammen. Sie waren Bergsteiger aus der tschechi-
schen Republik. Ich war zu Tränen gerührt."

„Warum denn das?" fragte Uschi.

„Das letzte Mal, dass ich tschechische Touristen in Jugoslawi-
en gesehen hatte, war im August 1968. Ich war mit Marina
und ihrer Tochter in Budva in Montenegro. Dort erfuhren wir
eines Morgens aus den Transistorradios am Strand, wo es nur
so wimmelte von Touristen aus der Tschechoslowakei, dass
die Truppen des Warschauer Paktes aus den anderen kommunistischen Staaten Osteuropas in ihr Land einmarschiert waren und die Hoffnung auf einen 'Kommunismus mit mensch-

lichem Antlitz', den Freiheits trunkenen 'Prager Frühling', mit ihren Panzern überrollt hatten. Wir waren alle zutiefst schockiert und nahmen lebhaften Anteil am Schicksal der Feriengäste aus dem Nachbarland. Da Marschall Tito auch für sein Land eine sowjetische Invasion befürchtete, machte Jugoslawien mobil, und ich reiste in einem Bus voller junger Soldaten und tschechoslowakischer Touristen, die von den jugoslawischen Mitreisenden mitfühlend umsorgt und zum Essen und Trinken eingeladen wurden, zurück nach Norden an die Grenze. Vielleicht kannst du deshalb ermessen, was es für mich bedeutete, nach 40 Jahren nun wieder jungen Tschechen in diesem Lande zu begegnen, und das als freie Bürger der Europäischen Union."

„Hast du ihnen das gesagt?"

„Ja, natürlich, und das schuf zwischen uns sofort ein Gefühl der Verbundenheit. Sie sprachen gut Deutsch und erzählten Selma und mir von ihren Abenteuern in den Matka Bergen, wo sie eine Woche lang gewandert und geklettert waren und in der ganzen Zeit nur hin und wieder einen Schafhirten getroffen hatten. Nach der Ankunft in Bitola gingen wir zusammen ins Café Korso zum Abendessen und beratschlagten, wo sie ihre Zelte aufschlagen konnten, denn sie wollten wildes Camping machen."

„Warum hast du sie nicht mitgenommen nach Hause?"

„Azra achtet streng auf ihren guten Ruf und den ihrer Töchter. So erlaubt sie nur Ehepaare oder Frauen."

„Und wo haben die Tschechen ihre Zelte aufgebaut?"

„Ich habe ihnen geraten, es am Ende des Stadtparks auf dem Weg hinauf zum ehemaligen Tumbecafé zu versuchen. Ob es dort geklappt hat, weiß ich nicht, denn ich habe nie wieder etwas von ihnen gehört."

Inzwischen war Tanja, unsere Taxifahrerin, eingetroffen und wir stiegen zu ihr ein, Uschi vorn, ich hinten. Für die Fahrt in die Berge und nach Sveti Naum, die fast den ganzen Tag dauern würde, wollte die kleine rundliche Frau mit den blond gefärbten, gelockten Haaren nur 30 Euro haben.

Obwohl wir nicht in die Bergwelt hinein wandern, seltene Pflanzen und Tiere wie den Balkan Lynx beobachten und auf die Gipfel klettern konnten, wollten wir uns zu Dritt einen schönen Tag machen.

Wir fuhren auf der Schnellstraße nach Ohrid über den Bergrücken des Baba Gebirges bis kurz vor Resen, dort über die Umleitung und dann nach Süden. Der Naturpark Galičica liegt genau zwischen dem Prespasee und dem Ohridsee und besteht aus einem bis zu 2250 hohen Bergmassiv. Von seinen höchsten Erhebungen aus konnten geübte Bergsteiger beide Gewässer gleichzeitig sehen. Wir gehörten leider nicht dazu.

Hier hatten sich während des 2. Weltkriegs kommunistische Partisanen versteckt, um ihre Aktionen gegen die bulgarischen Besatzer vorzubereiten, unter ihnen auch Jamila Kolonomos, eine der jüdischen Schulkameradinnen, von denen Hrisula A. mir so häufig vorgeschwärmt hatte. Sie war daher der Deportation nach Treblinka entgangen, hatte überlebt und wohnte nun bald 90jährig in Skopje, wo sie ein Buch über das Erbe der Sephardischen Juden Mazedoniens herausgebracht hatte. Daraus kannte ich ihr Foto, das einer schwarzgelockten, jungen Partisanin, die zusammen mit ihren Kameraden aus jener gefährlichen Zeit strahlend in die Kamera lächelte.

Die Autofahrt durch den Naturpark hatte ich schon vor fünf Jahren einmal zusammen mit einem befreundeten Ehepaar aus Ostberlin gemacht und ich war sehr beeindruckt gewesen.

Die Straße führte zunächst nur mäßig bergan durch zwei Dörfer, deren Namen ich mir nicht gemerkt habe, dann wurde sie steiler, und wir durchquerten den Bergwald zügig in Richtung auf den ersten Aussichtspunkt zu, den auf den Prespasee. Wir hielten an und bewunderten ihn, wie es sich gehörte, dann ging es zurück ins Auto und wir kurvten höher und höher durch Gebirgslandschaften, die immer felsiger wurden bis zum hoch gelegenen Aussichtspunkt über den Ohridsee. Der Rundblick war wunderschön, doch ich sah ihn zum zweiten Mal und ich war nicht mehr ganz so tief beeindruckt.

Viel mehr berührten mich Tanja und ihre Lebensgeschichte, die sie mit ihrer tiefen, fast männlichen Stimme angefangen hatte, zu erzählen. Während wir auf der Ohrid Seite hinunterfuhren zum Südende des Sees, dort wo unmittelbar an der albanischen Grenze das Kloster Sveti Naum lag, erfuhren wir mehr und mehr über ihr schwieriges, Glück loses Leben, das sie wie Selmas Mutter zu einer starken Frau gemacht hatte.

„Ich habe meine Eltern früh verloren und bin als Pflegekind zu Verwandten nach Wien gekommen. Dort bin ich zwar in die Schule gegangen, aber zum Lernen hatte ich keine Zeit, weil ich im Haushalt helfen musste. Mit 14 kam ich nach Bitola zurück und habe geheiratet."

„Mit 14?" fragte ich etwas ungläubig.

„Ja, aber natürlich noch nicht standesamtlich."

Wir waren in Sveti Naum angekommen. Vor der alten Klosteranlage mit dem dazugehörigen, modernen Hotelkomplex hoch oben auf einer Klippe über dem See stellten wir das Auto auf dem Parkplatz ab und wanderten durch die Galerie der Marktstände mit Souvenirs für die Touristen. Besonders der Schmuck aus den kleinen weiß leuchtenden Ohrid Perlen, den Ohridski Biseri, die aus den Schuppen eines ganz besonderen

Fisches aus dem See geschliffen wurden, gefiel mir. Hinter dem kleinen Touristenmarkt kamen wir zur Brücke über den schwarzen Drim, einen Fluss, der sich in Klosternähe zu mehreren Teichen ausweitete und in dem sprudelnde Quellen das Wasser ständig in Bewegung hielten. Trotzdem war es so klar, dass wir auf den Grund sehen und jeden einzelnen Fisch erkennen konnten. Die zu Ehren des heiligen Naum, eines Weggefährten und Nachfolgers des heiligen Kliment von Ohrid. erbaute Klosterkirche mit den farbigen, naiven Wandmalereien aus dem frühen Mittelalter stand ein wenig versteckt im Innenhof des ehemaligen Klosters und war nicht viel größer als Sveti Jovan Kaneo auf seinem Felsvorsprung im See. Uschi fand, dass es sich allein wegen dieser Fresken gelohnt hatte, so weit zu fahren. Ich war weniger stark berührt, hatte ich doch in den vergangenen sieben Jahren so manche mittelalterlichen Ikonen und Fresken bewundern können.

Mir schien, dass in den mehr als 500 Jahren unter dem 'Türkischen Joch' keine Weiterentwicklung stattgefunden hatte. Erst nach der Befreiung vor bald 100 Jahren gab es wieder mazedonische Malerei, und nicht nur Religiöses. Im Magaza in Bitola wurden in diesem Sommer mehrere zeitgenössische Künstler mit ihren Bildern vorgestellt.

Die kleine alte Kirche war umgeben von weitläufigen Gebäuden, jetzt ein Hotel mit mehreren Restaurants. Wir setzten uns auf die große Terrasse im ersten Stock oberhalb des Seehafens. Die Touristendampfer aus Ohrid fuhren noch nicht wieder und es ging dort recht ruhig zu. Nachdem der Kellner gekommen war und wir unser Mittagessen bestellt hatten, erzählte Tanja weiter.

„Wenn ich meinen festen Glauben an Gott nicht hätte, würde ich längst nicht mehr leben. Mein Mann hat getrunken und mich geschlagen. Jetzt ist er psychisch krank und lebt in einer Nervenheilanstalt."

„Hast du Kinder?" fragte Uschi.

„Ja, zwei erwachsene Söhne. Der ältere sitzt wegen schwerer Körperverletzung im Gefängnis. Er hat sich mit anderen jungen Leuten geprügelt. Der jüngere studiert hier in Bitola und ist ein guter Junge. Neben seinem Studium an der Pädagogischen Fakultät betreut er eine Volkstanzgruppe. Die Kinder brauchen aber noch Geld für ihre Kostüme, mit denen sie zum Ilenden Feiertag am 2. August in Kruševo auftreten wollen. Ich versuche ihm zu helfen und habe einen Brief verfasst, darauf steht die Nummer des Spendenkontos. Ich gebe ihn euch, wenn wir wieder im Auto sind."

„Einverstanden." sagte Uschi.

„Warum hast du dich entschlossen, als Taxifahrerin zu arbeiten, als einzige Frau in Bitola?" fragte ich.

„Ich habe keinen Beruf erlernt und ich dachte, ich könnte mit meinen Deutschkenntnissen mit Touristen arbeiten, auch in einem Männerberuf. Ich habe vor Männern kein Angst mehr." Da kam der Kellner mit den Lovači, Ĉevapčiči, Ražniči oder Pleskavici. Ich habe vergessen, welche es waren.

Auf dem Rückweg von Sveti Naum nach Bitola kamen wir wieder an der Kette der aneinander gereihten Hotels am Ohridsee mit den jetzt im Juli voll gepackten Stränden vorbei, hielten uns aber nicht in der Stadt auf und fuhren zügig auf die Schnellstraße und den ersten Bergpass zu, durch die kleine Stadt Resen hindurch und hinauf auf den nächsten Bergrücken, der uns von Bitola und der Pelagonia Ebene trennte. Tanja bremste auf dem höchsten Punkt, wo ein kleines Gasthaus in einer Art Blockhütte stand, und sagte:

„Ich möchte euch hier oben etwas zeigen. Einverstanden?"

„Ja, natürlich." sagten wir wie aus einem Munde.

Sie fuhr auf den Parkplatz und wir stiegen aus.

Auf der kleinen, einfach eingerichteten Terrasse begrüßte uns der Wirt und lud uns nach kurzem Austausch mit Tanja in seine Gaststube ein. Die hatte etwas ganz Besonderes, und zwar in der Mitte ein großes, grünes Pflanzenbeet, das bewässert wurde von einer Bergquelle, die er dorthin umgeleitet hatte.

„Wie Sie sehen, habe ich fließendes Wasser im Haus." sagte er und Tanja füllte die mitgebrachte Plastikflasche.

„Im Auto habe ich noch eine Flasche. Wollt ihr auch Wasser mitnehmen?" fragte sie. Natürlich wollten wir. So freuten wir uns über frisches Quellwasser vom Pelister, das sonst in einer griechischen Fabrik in Bitola abgefüllt und im Supermarkt unter dem Namen 'Pelisterka' vermarktet wurde.

Gegen 17 Uhr setzte uns Tanja vor unserer Hoftür in Bair ab und wir versprachen ihr, in Kontakt zu bleiben und zu überlegen, was wir für ihren Sohn und seine Volkstanztruppe tun konnten.

Die Schindlers von Bitola

Für Uschi begannen nun die letzten drei Tage in Bitola.
Der Ausflug nach Kruševo am Mittwoch war mit Asim fest
verabredet. Am Dienstag wollten wir noch einmal in die
Stadt, über den Markt laufen und einkaufen, auf dem Korso
bummeln, in die katholische Kirche und in die des heiligen
Demetrius hineinschauen und am Abend ins Konzert gehen,
wieder ohne Selma, die immer noch mit den Hörbüchern von
Jorge Amado beschäftigt war.
Im Musiksaal des Museums würde eine Sängerin aus Bulga-
rien Lieder der sephardischen Juden singen.
„Das ist doch dein Thema. Wollen wir hingehen?" fragte
Uschi, als wir beim Abendessen im 'Verona' saßen.
„Auf jeden Fall." sagte ich.
Am Uhrturm nahmen wir ein Taxi und kamen kurz vor Be-
ginn des Konzerts um 21 Uhr am Museum an, gingen diesmal
nicht in den ersten Stock hinauf, sondern durch den vorderen
Gebäudeflügel hindurch, vorbei an einem altgriechischen Tor-
so und einem Stuhl am Hofausgang, auf dem ein Theater-
scheinwerfer stand, der den Innenhof mit seinem holprigen
Pflaster nur unvollkommen beleuchtete. Das war alles noch
ein wenig unfertig und provisorisch. Als wir den halbdunklen
Hof überquert und in den hinteren Flügel der ehemaligen Militärakademie eintraten, erwartete uns dort eine breite, nagelneue Treppe aus hellem Prilep Marmor und wir begannen den
Aufstieg in den ersten Stock. Uschi war auf ihre Krücken ge-
stützt, ich hielt mich mit der linken Hand am Geländer, ebenfalls aus Marmor, fest. Noch immer fiel mir das Treppenstei-
gen ein wenig schwer.

Kurz nachdem wir auf dem Absatz des ersten Stocks angekommen waren, begann das Treppengeländer zu wanken und ich bemerkte mit Schrecken, dass es weiter oben plötzlich aufhörte und das letzte Stück noch nicht fest zementiert und verankert war. Schnell ließ ich los und trat einen Schritt zurück. Aber es war schon zu spät. Die beiden oberen Teile des schweren, marmornen Handlaufs stürzten in die Tiefe, landeten mit großem Getöse im Erdgeschoss und zerschellten dort in tausend Stücke.

Wieder konnte ich die Gelassenheit der hiesigen Menschen vor den kleinen Katastrophen des Alltags bewundern.

Niemand regte sich auf, ein junger Mann sagte nur:

„Gott sei Dank, dass Ihnen nichts passiert ist."

Doch während wir weiter gingen Richtung Musiksaal, erfasste uns ein befreiendes Gelächter, das wir gerade noch vor Betreten des Saales kontrollieren konnten.

In der zweiten Reihe gleich rechts sah ich bekannte Gesichter, die von Vladimir, dem etwa 50jährigen Besitzer des Café Galerija VAN und seiner älteren Schwester. Wir begrüßten einander hoch erfreut. Ich stellte Uschi vor und wir setzten uns auf die zwei freien Plätze daneben. Gleich darauf wurden die Sängerin und ihre Klavierbegleiterin vorgestellt und das Konzert begann. Wieder war es gratis, dauerte dafür aber nur eine Stunde. Ich war von der Darbietung ein wenig enttäuscht, die Lieder wurden wie Opernarien vorgetragen und nicht wie echte sephardische Volkslieder.

Vladimir und seine Schwester waren an diesem Abend nicht sehr gesprächig und verabschiedeten sich nach dem Austausch von Freundlichkeiten sehr schnell. „Wir möchten noch ein wenig in der Abendkühle spazieren gehen," sagte er und verschwand mit ihr in der Dämmerung Richtung Stadtpark.

„Ein gut aussehender Mann!" sagte Uschi und fragte:
„Wer sind denn die beiden?"
„Habe ich dir noch nicht von dieser Familie erzählt?"
„Nein, ich glaube nicht."
„Das ist eine spannende, längere Geschichte. Lass uns bis zum 'El Greco' gehen und dort etwas trinken. Dann kann ich sie dir in aller Ruhe erzählen."

Als wir gemütlich am Tisch saßen und zum letzten Mal die Spaziergänger auf dem Korso von Bitola an uns vorüberzogen, fing ich an: „Du weißt doch, dass ich hier in der Bibliothek einen Diavortrag über das Jüdische Museum in Berlin gehalten habe. Das war im Dezember 2003. Seitdem gelte ich in der Stadt als Spezialistin für das Judentum und man hat mich mit mehreren Menschen bekannt gemacht, die mit den Juden von Bitola in enger Verbindung standen. Ein besonders aufmerksamer Zuhörer meines Vortrags, Sotir M., wies mich einige Tage danach darauf hin, dass Professor Dimovski-Žolev ein dickes Buch über die Juden der Stadt verfasst habe. Sotir begleitete mich auch zur Stadtbibliothek, doch dort war das Werk nicht aufzufinden. So wanderten wir weiter zum Museum. Dort im Archiv hofften wir, das Buch zu finden.

Doch es war früher Freitagnachmittag und die Museumsangestellten waren bereits ausgeflogen. Sie seien alle zur Kunstgalerie in der ehemaligen Moschee zu einer Vernissage gegangen, teilte uns der Portier mit. Aber auch jetzt noch wusste Sotir weiter und sagte: 'Dann gehen wir eben zu Vladimir ins 'Café Galerija VAN'. Der hat das Buch bestimmt!'

Doch an diesem Freitagnachmittag war auch das Café VAN zu. Erst beim dritten Versuch traf ich Vladimir, einen jungen Mann von damals etwa 45 Jahren, persönlich an, und wir kamen auf Englisch ins Gespräch. Er sprach es fließend und ich fand bald heraus, warum er in der Stadt als Spezialist für das Judentum galt, obwohl er selbst kein Jude war. Sein verstorbener Vater Boris Altiparmak. stammte aus einer alten Kaufmannsfamilie, die mit den jüdischen Kaufleuten von Bitola nicht nur geschäftlich, sondern auch freundschaftlich verbunden gewesen war. Er und seine Frau Vaska waren während des Krieges aktiv in der kommunistischen Partei Jugoslawiens. Auch viele junge Juden aus Bitola sahen in dieser Partei einen Hoffnungsträger und schlossen sich ihr an. Als unter den bulgarischen Besatzern die GESTAPO Anfang März 1943 begann, den Abtransport aller Bitola Juden in die Vernichtungslager zu organisieren, versteckten Boris und Vaska unter Lebensgefahr vier jüdische Jugendliche tagelang in ihrem Haus, bis sie eine Möglichkeit fanden, sie verkleidet als Bauern zu den kommunistischen Partisanen in die Berge zu schleusen und damit deren Überleben zu sichern.

Dafür wurde ihr Name 1989 auf die Liste der 'Gerechten unter den Völkern' gesetzt und sie wurden in der Holokaust Gedenkstätte Yad Vashem in Israel geehrt und zusammen mit ihrem Sohn zu einer Israel Rundreise eingeladen. Jedes Jahr am 11. März zur Gedenkfeier an die Deportation der Juden von Bitola, wird nun auch an sie erinnert und seit dem Spielberg Film über Oskar Schindler und seine Frau, die Hunderten ihrer jüdischen Arbeiter und Angestellten das Leben retteten, werden sie von der Presse hier als die 'Schindlers von Bitola' bezeichnet. Boris Altiparmak verstarb einige Jahre vor meinem ersten Besuch in Bitola. Seine Frau Vaska durfte ich noch kennen lernen. Sie starb 2005 im Alter von 86 Jahren.

Bald nach der Befreiung Jugoslawiens 1944 und der Machtübernahme der Kommunisten war Boris A. aus der Partei ausgetreten, denn als Humanist konnte er Vieles an deren

Politik nicht billigen. Dafür wurde er mit der Enteignung seines gesamten Privatbesitzes bestraft. Man gab ihm einen Posten als Kassierer bei einer Bank, mit der hämischen Bemerkung, in Zukunft werde ihm jede Menge Geld durch die Finger gehen, er werde aber nie wieder welches besitzen.

Trotzdem genoss er in seiner Heimatstadt noch ein so hohes Ansehen, dass ihm 1948 zusammen mit einigen anderen begeisterten Bergsteigern und Mitstreitern die Schaffung eines ausgedehnten Naturschutzgebietes am Pelister, dem 2600m hohen Berg oberhalb von Bitola gelang. Es wurde der erste Nationalpark in Jugoslawien.

Nach dem Ende des Sozialismus und der Unabhängigkeit Mazedoniens bekam die Familie ihr 200 Jahre altes Haus in der Stara Čaršija, der türkischen Altstadt, zurück.

Es war in einem erbärmlichen Zustand. In einer der Wände war wie bei einer Schwangerschaft ein Baum entstanden und durch ein großes Loch im kunstvollen Tonnengewölbe des Daches gen Himmel gewachsen.

Vladimir, der Sohn, der eine Berufsausbildung als Hotelfachmann gemacht und einige Jahre in Slowenien und in der Schweiz in der Gastronomie und als Skilehrer gearbeitet hatte, machte sich ans Werk. Acht Jahre lang restaurierte er das Erdgeschoss und das Dachgewölbe und kratzte eigenhändig uralten Schmutz und Putz aus den Fugen, bis die Schönheit der Natursteinwände wieder sichtbar wurde. Im gemütlichen Wiener Caféhausstil einschließlich der typischen 'Thonet' Stühle richtete er dort das nach Ludwig VAN Beethoven benannte Café ein, das er 2003 eröffnete. Er ließ eine Stereoanlage von hoher Qualität einbauen und verwöhnte seine wenigen Gäste mit französischen Chansons und klassischer

Musik, ganz nach dem Geschmack des alten, gut bürgerlichen Bitola aus der Zeit vor dem Kommunismus.

Im Cafe VAN fand ich dann auch Dimovski-Žolevs Buch über die Juden von Bitola in mazedonischer Sprache, die ich allerdings zu dem Zeitpunkt noch nicht lesen konnte. Doch im Anhang befand sich eine ausführliche englische Zusammenfassung des Textes, die ich fotokopieren durfte."

„Im Café VAN sind wir noch nicht gewesen." sagte Uschi.

„Nein, Vladimir hat es nicht halten können und musste es vor ein paar Wochen schließen. Vor allem die Markthändler und ihre Kunden besuchen die Cafés in der Stara Caršija, der türkischen Altstadt. Die interessieren sich nicht für Beethoven und haben nicht so viel Geld, doch bei Vladimir war der Kaffee doppelt so teuer wie anderswo. Kuchen oder sonst etwas zu essen gab es nicht. So kamen zu ihm ins Café nur hin und wieder ein paar Touristen aus Griechenland, aus Australien und aus Israel, die die Räume wunderschön fanden und sich eine Symphonie von Beethoven oder französische Chansons anhören mochten."

„Das ist ja eine beinahe tragische Geschichte." sagte Uschi.

„Ja, denn Vladimir träumte einen schönen Traum, hatte aber kein realistisches Konzept. Er war nicht in der Lage, sich auf die Bedürfnisse des Marktes einzustellen. Doch ich wollte ihm helfen und zusammen mit David und seinen Freunden haben wir versucht, mehr Gäste in sein Café zu locken."

„Wie habt ihr denn das gemacht?"

„Als ich 2004 beschloss, regelmäßig nach Bitola zu reisen, hatte mich Neshat, einer dieser Freunde, zu meinem Entschluss beglückwünscht und gesagt: 'Unsere jungen Leute kommen kaum aus Mazedonien heraus, weil sie kein Geld zum Reisen haben und fast überall ein Visum brauchen. So würde ich mich freuen, wenn du etwas von deiner Kultur hierher bringen und mit uns teilen würdest.' Ich ließ mir seinen Vorschlag durch den Kopf gehen und überlegte mir, was ich zu bieten hatte. Das waren vor allem meine Sprachkenntnisse und an Sprachen sind junge Menschen in Mazedonien offensichtlich sehr interessiert. Auch war mir aufgefallen, dass Dichtung und Poesie einen hohen Stellenwert hatten. Jedes Jahr im Frühsommer findet in dem kleinen Badeort Struga am Nordende des Ohridsees ein großes, populäres Poesiefestival statt, zu dem Dichter aus aller Welt zu Lesungen eingeladen werden. Ich ging also in die Bibliothek, um herauszufinden welche dichterischen Texte dort im Original und in mazedonischer Übersetzung zu finden waren.

In meiner Muttersprache entdeckte ich zunächst einen schmalen Band mit klassischen Balladen von Goethe und Schiller.

Dann besuchte ich Vladimir in seinem Café VAN und fragte ihn, ob ich dorthin Freunde zu 'Interkulturellen Abenden' einladen könnte. Er war einverstanden. Schließlich ging ich zu Neshat in sein Büro beim At Pasar und fragte ihn, ob wir gemeinsam diesen Abend gestalten konnten. Er erwiderte, dass seine NGO 'Biosfera' jetzt eine Vereinssitzung habe und gleich darüber beraten könne.

Als die anderen Mitglieder nach und nach eintrafen, war ich erstaunt, dass sie fast alle 'Mazedonier' waren, sogar eher blond und blauäugig, als dunkelhäutig und schwarz haarig wie Neshat, der türkisch sprechende Rom. Offensichtlich schaffte er es mit seinem besonderen Charisma über die hiesigen Kulturschranken hinaus Gleichgesinnte um sich zu scharen. Eine Anzahl von Fotokopien der ins Mazedonische übersetzten deutschen Balladen von Goethe und Schiller hatte ich bereits mitgebracht und ein paar junge Damen erklärten sich gern bereit, am 25. November mit mir gemeinsam einen Abend mit deutschen Balladen zu gestalten.

So einfach konnte Kulturarbeit sein!

Am 25. November war das kleine Cafe VAN gut gefüllt mit jungen Umweltaktivisten von Neshats 'Biosfera', von Davids Organisation für Roma und deren Sympathisanten, sowie einigen älteren Herrschaften, die unsere Plakate in der Stadtbibliothek gelesen hatten. In Vladimirs Café gab es keine Rassentrennung. Umrahmt von Beethovens Musik aus seiner, reich gefüllten CD Schatztruhe, lasen wir nun für unser bunt gemischtes Publikum zuerst auf Deutsch und dann in mazedonischer Übersetzung Goethes „Erlkönig", den „Zauberlehrling", das „Heideröslein" und von Friedrich Schiller den „Ring des Polycrates", den „Taucher" und andere Balladen.

Unser Publikum bedankte sich mit freundlichem Beifall und ich beschloss, dass es sich lohnte, weiterzumachen.

So sang am Vorabend des orthodoxen Weihnachtsfestes, am 5. Januar, Rosanna Gargiulo, eine junge Amerikanerin, die im Rahmen ihres Studiums der Politikwissenschaften für drei Monate nach Mazedonien gekommen war und in Ohrid lebte, Balladen aus Irland, Wales und Amerika, da erübrigte sich eine Übersetzung. Zur Ergänzung trugen zwei junge Dichterinnen aus Bitola ihre Texte vor.

Nach dem Ende des Programms wanderten wir alle in die Innenstadt, wo auf dem Theaterplatz am Manaki Denkmal ein großes Feuer in den Januarhimmel loderte. Dort gab es auch Musik und wer mochte, konnte um das Feuer herum einen 'Oro' mittanzen. Ganz zum Schluss blieb eine bunte Truppe von acht Personen übrig, junge 'Mazedonier', Roma, Amerikaner und ich, die ältere Deutsche, die alle zusammen in ein Restaurant am Korso gingen, um Pizza zu essen.

Im Laufe der nächsten beiden Jahre fanden noch sechs weitere 'Interkulturelle Abende' statt, zum Beispiel mit Auszügen aus 'Der Prophet' von Kalil Gibran auf Englisch, über den Senegal mit Texten in französischer Sprache von Leopold Sedar Senghor und über Andalusien mit Gedichten von Federico Garcia Lorca, immer mit mazedonischer Übersetzung. Wir hatten sogar das Glück, für Garcia Lorca einen Muttersprachler zu finden, Jesus Villegas, der als Englischlehrer mit dem amerikanischen 'Peace Corps' nach Bitola gekommen, aber mexikanischer Herkunft war und Spanisch sprach.

„Das war ja ein schönes Programm! Hat es mehr Leben in Vladimirs Café gebracht?"

„Nur zeitweise. Die Gäste kamen nicht wieder, weil sie die Getränke zu teuer fanden. Man konnte Vladimir auch nicht raten. Versuchte man es, wurde er böse und schimpfte nur auf seine Mitbürger aus Bitola, die sein wunderbares Restaurationsprojekt in der Altstadt nicht zu schätzen wussten und ihn nicht unterstützten. So entmutigte er auch die Freunde, die versuchten, ihm mit Rat und Tat zu helfen. Jetzt hat er keine Beschäftigung und kein Einkommen mehr, lebt wahrscheinlich nur noch von der Rente seiner Schwester. Die ist seit Jahren geschieden und wohnt mit ihm zusammen in der Wohnung der Eltern in einem Hochhaus."

„Ich glaube, Frauen sind doch das stärkere Geschlecht."
meinte Uschi und ich pflichtete ihr bei.

Helden und Heilige in Kru*š*evo

Als wir an diesem Abend zu Hause ankamen, war es nicht sehr spät und Selma schlief noch nicht. Sie war eine Nachteule wie ich. So gingen wir in ihr Zimmer, um mit ihr zu plaudern. Sie saß auf der Couch mit dem MP3 Abspielgerät neben sich und bemerkte:

„Morgen fahrt ihr also mit Asim nach Kruševo. Er war vorhin hier, um es noch mal zu bestätigen."

„Wunderbar! Ich freue mich schon sehr darauf." sagte Uschi.

„Werdet ihr auch das Grab von Toše Proeski besuchen?" fragte Selma und Uschi fragte zurück:

„Wer war denn das?"

„Erklär du es mal, Selma! Ich habe Uschi heute Abend schon die ganze Geschichte von Vladimirs Eltern, den Schindlers von Bitola erzählt."

„OK, das mach ich. Also, Toše Proeski war ein berühmter mazedonischer Popsänger, der vor drei Jahren im Alter von 26 bei einem Verkehrsunfall ums Leben kam. Er wurde in seinem Heimatort Kruŝevo beerdigt und sein Grab ist zu einer viel besuchten Pilgerstätte geworden."

„Mazedonien hat kürzlich zwei neue Heilige dazu bekommen, Mutter Teresa, die katholische Albanerin und Toše, den slawisch-orthodoxen Mazedonier, einen für jede der beiden größten Bevölkerungsgruppen des Landes." ergänzte ich.

„Die Geschichte von Mutter Teresa, die sich in Indien um die Ärmsten der Armen kümmerte, kenne ich ja. Aber warum wird dieser Toše so verehrt?" fragte Uschi und Selma sagte:

„Er hatte eine wunderbare Stimme, die entdeckt wurde, als er 12 war. Mit 18 hatte er sein erstes Solokonzert in Skopje und sein erstes erfolgreiches Album kam heraus. 2004 vertrat er Mazedonien in Istanbul beim 'Eurovision Song Contest'. Danach sang er in Belgrad vor Tausenden in einer ausverkauften Riesenhalle und wurde zum Superstar auf dem Balkan."

„Das erklärt mir noch nicht, warum er wie ein Heiliger verehrt wird." wandte Uschi ein und ich erläuterte:

„Toše Proeski nutzte seine wachsende Popularität, um eine Reihe von Benefizkonzerten für humanitäre Ziele zu geben. Dafür erhielt er den 'Mutter Teresa Preis für Nächstenliebe'. Er stand auf dem Höhepunkt seines Ruhmes und war gerade in seiner humanitären Mission als UNICEF Botschafter in Kroatien unterwegs, als er am frühen Morgen des 16. Oktober 2007 bei einem Verkehrsunfall in der Nähe von Zagreb ums Leben kam. Seitdem hat ihn keine Kirche selig oder heilig gesprochen, aber er bekam ein Staatsbegräbnis und wurde vom Oberhaupt der Mazedonisch Orthodoxen Kirche als Engel bezeichnet. Er hatte eine himmlisch schöne Stimme und sah himmlisch gut aus. Für sein früh vollendetes Gesamtwerk als Songwriter und Sänger, nicht nur von Popsongs in mehreren Sprachen, sondern auch von klassischer und traditioneller mazedonischer Musik, für seine jugendliche Schönheit, für sein Skandal freies Privatleben und für seinen humanitären Einsatz, bei dem er sein Leben lassen musste, wird er wie ein Heiliger verehrt. Je öfter ich seine Musik im Fernsehen erlebe, desto mehr verehre auch ich ihn."

„Endlich ein positives Vorbild für junge Leute!" meinte Uschi und ich schwärmte: „Ja, er war selbst jung, gut aussehend, erfolgreich als Sänger, dem Traumberuf vieler Teenager, aber ohne Drogen und Skandale.

So gehört es in Mazedonien für junge aufstrebende Popsänger jetzt dazu, gleich zu Anfang ihrer Karriere in Tošes Fußstapfen zu treten und Wohltätigkeitskonzerte zu geben. Wie ich hörte, ist das jetzt Mode."

„Doch man wirft den Musikern vor, dass sie das nur aus egoistischen Beweggründen tun, um Reklame für sich selbst zu machen." sagte Selma. „Das mag in einigen Fällen stimmen, aber nicht immer. Lambe Alabakovski zum Beispiel wurde beschuldigt, Toše nachahmen zu wollen, als er 2006 zusammen mit anderen Jungstars der mazedonischen Musikszene einen Song für wohltätige Zwecke aufnahm. Doch ich kann bezeugen, dass dieser Lambe die Liebe zum Nächsten wirklich in sich trägt."

„Wie denn das?" sagte Uschi.

„Ich habe mit ihm zusammen das Musikgymnasium in Bitola besucht, aber nicht in der selben Klasse. Eines Tages stand ich ziemlich hilflos auf dem Flur, weil die Schule früher als erwartet ihre Tore schloss und noch niemand da war, um mich nach Hause zu führen. Die Klassenkameraden waren schon fort, die anderen Schüler liefen vorbei, ohne mich zu beachten. Nur der 15jährige Lambe blieb stehen und fragte, ob ich Hilfe brauchte. So nahm ich seinen Arm und er geleitete mich sicher durch die belebte Innenstadt von der Musikschule zum alten Markt, wo meine Mutter ihren Stand hatte."

„Ich finde es bemerkenswert, dass er sich nicht scheute, mit einem blinden Zigeunermädchen am Arm durch die Straßen zu laufen und dafür die Hänseleien seiner Klassenkameraden in Kauf zu nehmen. Für ihn war sie die Nächste, die seine Hilfe brauchte. Ich glaube, ich werde ein Fan seiner Musik werden." sagte ich und Selma fügte hinzu:

„Leider habe ich noch keine CD von ihm."

„Wo liegt denn Kruševo genau?" fragte Uschi.

„Am nordwestlichen Rand der Pelagonia Ebene, aber hoch oben in den Bergen, auf über 1300m."

„Was gibt es dort zu sehen außer dem Grab von Toše?"

„Nach dem Ausbruch des „Ilinden" Aufstands gegen die Türkenherrschaft am 2. August 1903, dem Eliastag, wurde dort die freie Republik Kruševo ausgerufen, doch sie überlebte nur zehn Tage, denn der Aufstand wurde blutig niedergeschlagen. Deshalb wurde hier in Kruševo die nationale Gedenkstätte 'Makedonion' erbaut, an der jedes Jahr eine große Gedenkfeier stattfindet."

„Dafür üben ja auch Tanjas Sohn und seine Volkstanztruppe." erinnerte sich Uschi.

Am nächsten Morgen um Punkt zehn Uhr hörten wir, wie Asim das Schiebetor zum Hof seiner Schwester aufschob, um seinen roten BMW hinauszufahren. Schnell kletterten wir unsere Außenbordtreppe hinab und begrüßten ihn.

Diesmal setzte ich mich neben den Fahrer und Uschi nach hinten. Da Asim kein Deutsch sprach, musste ich übersetzen.

Wir tankten zunächst am Ortsausgang und fuhren dann in Richtung Prilep durch die fruchtbare Pelagonia Ebene, bald begleitet von hohen Bergen auf der linken Seite. Hinter der Stadt ging es nach Nordwesten immer höher in die bewaldeten Berge hinauf bis zu der romantischen kleinen Stadt Kruševo mit den roten Ziegeldächern. Asim parkte das Auto am Rand der Innenstadt und wir begannen die engen steilen Straßen hinaufzuklettern bis zur Terrasse eines Lokals, das im Stil eines türkischen Kaffeehauses eingerichtet war und wo die Kellnerinnen die rotweiße Nationaltracht mit den weißen Schürzen trugen. Wir bestellten Erfrischungsgetränke bei einer von ihnen und schauten uns um. Weiß getünchte Gebäude, ein paar alte, frisch renovierte Fachwerkhäuser in Blumen

geschmückten Gärten, nicht ganz so alte Kirchen, Straßen-
bauarbeiten für das kommende große Ilinden-Fest.

„Wenn ich nicht mit euch zusammen wäre, würde man mich
hier nicht bedienen." sagte Asim, der gar nicht besonders
dunkelhäutige 'Zigeuner', der nicht einmal schwarzes Haar
hatte, sondern braunes.

„Hast du hier schlechte Erfahrungen gemacht?"

„Hier war ich seit meiner Schulzeit nicht mehr, aber voriges
Jahr in Struga am Ohridsee, wo mein Neffe Enis und ich je-
den Abend in einem Café Musik machten, wollten wir auf der
Strandpromenade etwas trinken und wir setzten uns auf eine
Terrasse. Doch da kam der Kellner und erklärte uns, dass er
uns nicht bedienen könne. Wir möchten bitte wieder gehen."

„Das war ja ein höflicher Hinausschmiss!" sagte ich.

„Ja, höflich sagt man uns auch, dass es keine Arbeit für uns
gibt." erwiderte Asim bitter. „Dabei haben die meisten Roma
in Bitola Schulbildung."

Dann fügte er hinzu: „Nur die Kurtofi oben am Berg betteln
und stehlen und schicken ihre Kinder nicht in die Schule."

„Wer sind denn die Kurtofi?" fragte ich.

„Bei den Roma von Bitola gibt es drei verschiedene Gruppen.
Meine Familie gehört zu den Esnafi, den alt eingesessenen
Handwerkerfamilien, Selmas Großvater väterlicherseits gehörte zu den Tschergari. Die waren früher wandernde Landarbeiter und wohnten in Zelten. Aber das ist lange her."

„Und wer sind die Kurtofi?" fragte ich noch einmal.

Asim zögerte etwas und sagte dann: „Das ist eigentlich ein
Schimpfname. Aber unter ihnen gibt es die meisten Bettler
und Diebe, Drogenabhängige und Alkoholsüchtige, sie ver-
prügeln ihre Frauen und schicken die Kinder nicht in Schule,
und da sie sich nicht anständig benehmen, denken die Leute,

dass alle anderen Roma auch so sind. An den Vorurteilen gegen uns sind also zum Teil auch die Kurtofi Schuld."

Darauf wusste ich nichts zu sagen, zumal sich der Himmel inzwischen immer mehr verdunkelte. Nach Tagen großer Hitze war jetzt ein Regenschauer im Anzug. Trotzdem wollten wir uns auf den Weg Hügel aufwärts zur nationalen Gedenkstätte machen. Doch Asim sagte:

„Geht schon mal vor! Ich hole schnell das Auto."

Wir zahlten und machten uns zu Fuß auf den Weg die recht steil ansteigende Straße hinauf. Uschi und ich waren gerade an der Parkanlage, in der das Denkmal lag, angekommen, als es anfing, stark zu regnen und wir uns in einen Hauseingang flüchten mussten. Doch da kam schon Asim.

Wir stiegen so schnell wir konnten in sein Auto und folgten dem Hinweisschild zum Grab von Toše Proeski. Draußen schüttete es jetzt und Uschi sagte: „Ich bleibe im Wagen."

Das Zelt, das über der Grabstelle aufgespannt war, war etwa 20m entfernt. So stieg ich aus und lief so schnell ich konnte durch den prasselnden Sommerregen bis unter das schützende Dach. Dort stockte mir fast der Atem, denn rings um die marmorne Grabplatte herum, auf Regalen entlang der Wände, war das Zelt voll gepackt bis in den letzten Winkel mit bunten Plastikblumen und Stofftieren aller Art. Dazwischen hingen Briefe und Plakate mit Herz ergreifenden Botschaften der Trauer und der Liebe. Es war überwältigend kitschig und rührte mich zutiefst. Ich glaube nicht an Engel, aber wenn es welche gibt, dann war dieser früh Vollendete einer von ihnen.

Ich sprintete zurück zum Auto und Asim fuhr uns dann, sicherlich leicht neben der Legalität, über die Parkwege hinauf zur Rückseite des Ilenden Monuments.

Der Regen hatte aufgehört und Asim und ich gingen hinüber, um erneut zu staunen. Der hintere, größere Teil der Gedenkstätte, in der sich ein Museum befand, sah aus wie eine Art Raumstation, eine fliegende Untertasse mit ovalen Fenstern, wie Saugnäpfe. Wo hatte sich dieser Architekt wohl seine Inspiration geholt? Bei den sowjetischen Kosmonauten?

Der vordere Teil, ein paar Stufen tiefer, mit niedrigen Stelen und zwei großen Gedenkwänden entsprach eher den gängigen Vorstellungen von einer Heldengedenkstätte, war jedoch ungewöhnlich farbig und bunt.

Asim konnte mir nicht sagen, warum sie in dieser Form erbaut worden war und wann, aber es gab sie schon zu seiner Schulzeit und er war Mitte 30.

Von hier oben auf dem Hügel hatten wir einen großartigen Rundblick über die malerische kleine Stadt am Berghang. Was hatte die Vorfahren ihrer etwa 5000 Einwohner bewogen, sich in über 1300m Höhe niederzulassen?

Hatten sie mit den Produkten der Bergregion gehandelt? War es ein Versteck für aufmüpfige Untertanen des Sultans gewesen, ein Schmugglernest oder ein Luftkurort für die Oberschicht? Oder alles gleichzeitig? Bei Google hatte ich noch nichts darüber gefunden.

Wir gingen zurück zum Auto, in dem Uschi wartete. Während der Regen nachließ, fuhren wir Hügel abwärts durch die kleine Stadt, erhaschten am Ortsausgang noch einmal einen weiten Rundblick und begannen unsere Heimfahrt.

Asim wollte auf einem anderen Weg nach Bitola zurück, der viel schöner war als der Hinweg. Schmale gewundene Straßen durch bewaldete einsame Berglandschaften, Atem beraubende Ausblicke auf liebliche Täler bis hin zur Abzweigung nach

Demir Hisar, Demirburg. Ein osmanischer Bey hatte dem Ort vor langer Zeit seinen Namen gegeben.

„Ich bin froh, dass ich mal wieder in Kruševo war. Ich hoffe, es hat euch auch gefallen." sagte Asim.

„Ja, danke, es war wirklich sehr schön" sagten wir.

„Ihr seid doch auch in Galičica gewesen? Wie war das?"

„Es hat sich gelohnt. Schwer zu sagen, ob es schöner war. "

„Wer hat euch denn gefahren?" fragte Asim.

„Das war Tanja, die einzige Frau, die in Bitola ein Taxi fährt. Sie spricht Deutsch, weil sie in Österreich aufgewachsen ist."

„Von der habe ich gehört. Sie hat im Gefängnis gesessen, weil sie ihren Mann niedergestochen hatte."

Ein letzter Familientag in Bair

Nach dem Ausflug freute ich mich, wieder in Bitola zu sein. Es gab andere schöne Städte in Mazedonien, aber ich gehörte hierher. Als wir wieder in unserem Hof in Bair ankamen, war Selmas Mutter gerade dabei, das Regenwasser zu nutzen, um Terrasse und Hof blitzblank zu putzen.

Sie begrüßte uns und sagte dann:

„Morgen ist Uschis letzter Tag hier und ich möchte euch zum Essen einladen. Ich werde Mandja zubereiten."

„Danke. Ich freue mich, dass ich dann noch einmal euer Familienleben genießen kann." sagte Uschi.

Am selben Abend hatte sie selbst Lust zu kochen und wir luden Selma zum Essen ein. Als wir beisammen saßen, fragte sie, wie uns der Ausflug gefallen habe und natürlich auch, ob wir Tošes Grab gesehen hätten.

Ich erstattete ihr meinen Bericht und fragte dann:

„Asim hat uns erzählt, dass es unter den Roma in Bitola drei verschiedene Gruppen gibt. Was weißt du darüber?"

„Ich kenne vier verschiedene Gruppen, die Esnafi, die Tschergari, die Kurtofi und die Djambasi."

„Wer sind denn die Djambasi?"

„Die wohnen meist am At Pasar, dem Pferdemarkt, und waren früher Pferdehändler. Sie sprechen Türkisch und geben sich als Türken aus. Mirems Mann war so einer."

„Und die Kurtofi? Laut Asim haben sie sämtliche schlechten Angewohnheiten, die man anderswo allen Roma nachsagt und sind deshalb an den Vorurteilen schuld."

„Diese Art Vorurteile haben hier alle über uns. Sogar meine Lehrerin in der Blindenschule hat den Kindern erklärt, dass die Zigeuner schmutzig sind und nur betteln und stehlen."

„Hast du ihr nicht widersprochen?"

„Ich war doch noch ein kleines Mädchen."

„Schlimm!" sagte Uschi. „Und was ist mit den Kurtofi?"

„Die haben meist keine Arbeit und sind hier die Ärmsten. Aber es gibt auch ordentliche Leute unter ihnen. Der Vorsitzende des Bürgerrechtsvereins ist ein Kurtof."

„Wenn die Roma aus Indien stammen, gibt es hier wohl Überreste des indischen Kastensystems." meinte ich.

„Das weiß ich nicht. Meine Mutter ist aus einer Esnafi Familie. Die Vorfahren meines Vater waren Tschergari, die früher in Zelten wohnten. Ursprünglich kamen sie aus Florina, das hier Lerin heißt. " erwiderte Selma.

„Wann war denn das?" fragte ich.

„Als mein Großvater noch klein war, nach 1920."

„Das muss zur Zeit des sogenannten 'Bevölkerungsaustausches' nach dem Türkisch-Griechischen Krieg gewesen sein."

„Wie sind sie denn hierher gereist?" fragte Uschi.

„Mit der Eisenbahn natürlich. In Lerin war mein Urgroßvater als Kutscher bei einem reichen türkischen Bay angestellt. Der war ein guter Herr, musste aber nach dem Krieg das Land verlassen. So ging er mit seiner Familie in die Türkei. Mein Urgroßvater kam mit der seinen hierher."

„Dürfen denn die jungen Leute aus allen vier Gruppen untereinander heiraten?" fragte Uschi weiter.

„Das ist manchmal ein Problem. Schlimmer ist es jedoch, wenn sie mit einander verwandt sind. Erst Cousins und Cousinen vierten Grades dürfen einander heiraten. Die näheren Verwandtschaftsgrade sind verboten. Auch schauen die Eltern oft auf Geld und Vermögen. Der erste Freund meiner Schwester war aus einer wohlhabenden Roma Familie in Resen und die fand, sie sei nicht gut genug für ihren Sohn. Später hatte sie einen Verehrer hier in Bitola, der hatte aber keine Arbeit und sein Wohnhaus hatte nur ein Zimmer. So hat sie sich jemand aus dem Internet gesucht."

„Gut so! Wie geht es denn deinem Märchenprinzen?"

„Ich weiß nicht, er hat sich längere Zeit nicht gemeldet."

„Ich habe ihn im Internet auf Facebook gefunden. Ich glaube, er hat jetzt eine feste Freundin." sagte ich.

„Wenn er heiratet, bringe ich mich um!" meinte Selma.

Am nächsten Tag wollten wir zum Mittagessen und einem letzten Rundgang in die Stadt fahren. Der von Selma herbeitelefonierte Taxifahrer beklagte sich über den schlechten Zustand unserer Zufahrtsstraße. Seit dem Regenguss von gestern sei sie in einem unmöglichen Zustand und er müsse uns auf einem Umweg über Koziak und Ljubojno ins Stadtzentrum fahren. Wir ließen uns am Uhrturm absetzen und wanderten den Korso entlang. Der war voller Spaziergänger, die nach dem Regen vom Vortage die nun etwas kühlere Luft genossen. Ein letztes Mal kehrten wir dann im Café Korso zum Mittagessen ein. Ein Taxi zurück nach Hause mitten durch das Herz von Roma Bair über Ljubojno und Koziak fanden wir am Museum. Der Fahrer, ein typischer neugieriger Mazedonier, fragte uns aus und fragte, kurz bevor wir zu Hause ankamen: „Was sucht ihr denn hier bei den Dschuptzi? Die betteln und stehlen doch nur, sie sind schmutzig und stinken!"

Wie immer in ähnlichen Situationen verschlug es mir zunächst die Sprache. Schließlich schimpfte ich:

„Sie haben keine Ahnung, wie die Menschen hier leben. Sie sind voller Vorurteile und ein Rassist!"

Da hielt das Taxi schon vor unserer Hoftür.

Ich bezahlte den Fahrpreis und wir stiegen aus.

„Was hat der Fahrer gesagt? Ich habe nur 'Dschuptzi' gehört." fragte Uschi, als das Taxi fort war.

„Etwas Fieses über die Zigeuner. Ich habe gar keine Lust, das zu übersetzen." sagte ich und seufzte.

„Ja, alte Vorurteile sind leider sehr zählebig. Es gibt noch viel zu tun!" meinte Uschi.

„Wollen wir hinüber gehen zu Mirem und ihrer Mutter, damit du dich verabschieden kannst?" fragte ich sie. Ich brauchte jetzt den Kontakt zu diesen liebenswerten, sanften Frauen.

So gingen wir ein paar Häuser weiter die leicht ansteigende Straße hinauf und über den engen Hof und die kleine Terrasse ins Wohnzimmer der Familie. Mirem saß mit ausgestreckten, leblosen Beinen in ihrer Ecke auf dem Sofa, ihre Mutter Fatma im Türkensitz mit untergeschlagenen Beinen auf der anderen Seite. Sie rauchte eine Zigarette, obwohl sie herzkrank war und es eigentlich nicht durfte. Aber Mazedonien war ein Tabakland und viele Roma arbeiteten in den Pflanzungen. Nach der Begrüßung fragte Mirem:

„Wie hat es euch in Kruševo gefallen?"

„Es war sehr schön. Und was machst du? Wie geht es dir?"

„Danke, gut. Mein Sohn hat gestern angerufen."

„Schön! Aus Amerika? Wie geht es ihm?"

„Bestens!"

Da kam auch Asims Frau Nada mit ihrer kleinen Tochter herein und bot uns eine Tasse Tee an. Ein Weilchen plauderten wir noch, dann verabschiedete sich Uschi von den Frauen und wir gingen zurück zu unserem Hof.

An der Hofmauer saß wieder Samir mit seiner Familie.

Als Selmas Mutter Azra gegen 16 Uhr von ihrer Arbeit an ihrem Marktstand nach Hause kam, waren wir noch im Hof und genossen die frische Luft des Spätnachmittags.

Fast gleichzeitig trat ein knochiger älterer Mann mit verbeultem Filzhut auf dem Kopf hinein und grüßte freundlich.

Selma stellte ihn vor: „Das ist Onkel Nale, der Milchmann. Er kommt seit über 20 Jahren und verkauft frische Milch von seinem Bauernhof. Dafür bekommt er von uns Brot und Essensreste für sein Vieh."

Er ging hinein in die Küche zu Azra, die mit den Vorbereitungen für einem Eintopf aus Tomaten, Kartoffeln und Rindfleisch, das 'Mandja', begonnen hatte.

„Er sieht gar nicht aus wie ein Rom!" bemerkte ich.

„Nein, er ist ja auch ein Kaurin, ein Mazedonier, aber die Roma von Bair sind seine Lieblingskunden. Wir sind alle mit seiner frischen Milch groß geworden."

„Er hält jetzt wohl ein Schwätzchen mit deiner Mutter."

„Ja, das tut er immer. Die Roma von Bair sind seine Familie, er ist schon lange verwitwet und lebt allein."

„Vielleicht hat er ein Auge auf deine Mutter geworfen. Die ist ja auch verwitwet."

„Nein, nein. Nale hat meinen Vater gut gekannt und weiß, dass sie nichts mehr von Männern wissen will. Er ist ja auch viel zu alt für sie." wehrte Selma ab.

„Würde sie einen Mazedonier heiraten?"

„Nein, auf keinen Fall, aber einen Deutschen vielleicht. Deutsche Männer sind hier sehr begehrt." sagte Selma.

Da kam Nale wieder aus der Küche heraus, verabschiedete sich herzlich und Uschi sagte: „Ein bemerkenswerter Mann. Ich fürchte, es gibt nicht viele Mazedonier, die so eng vertraut sind mit den Roma von Bair wie er."

„Da hast du Recht." antwortete Selma.

Das Mandja köchelte auf dem Herd und Azra nutzte die Zeit, um schnell den Teppich in der Wohnküche mit dem Staubsauger zu reinigen und die schmutzige Wäsche in die Waschmaschine zu stecken. Da kam erneut Besuch.

Diesmal war es Atso, Selmas dunkelhäutiger Lieblingsonkel. Seine Frau war noch immer mit den Kindern als Asylbewerberin in Holland. So verbrachte er seine einsamen Abende oft bei der Verwandtschaft.

„Wie geht es dir, Onkel?" fragte Selma und er antwortete: „Danke, leider nicht so gut. Den Job als Aufseher in der Zuckerrübenplantage habe ich nicht bekommen. Sie haben einen Kaurin, einen Mazedonier, eingestellt. Aber ich hatte es eigentlich nicht anders erwartet."

In diesem Augenblick klingelte im Haus das Telefon.

Azra ging hinein und rief: „Selma, das ist für dich."

Das blinde Mädchen stand auf und tastete sich die Stufen zur Terrasse hinauf in den Hausflur hinein, wo das Telefon stand.

Das Gespräch war kurz, und bald kam sie wieder heraus.

„Das war mein Freund aus Tetovo." sagte sie und Uschi sagte: „Oh, dein Märchenprinz! Wird er bald heiraten?"

„Nein, er hat mich nur gefragt, wie es mir geht."

Dann war das Mandja fertig und wir gingen in die Küche hinein, um es gemeinsam zu verspeisen. Dazu gab es Tomatensalat und viel Weißbrot.

Nach dem Essen kam wieder Besuch, um sich von Uschi zu verabschieden, Azras ältester Bruder Dschemal und seine Frau, ihre jüngste Schwester Nura mit Mann und Tochter Sekija, die Neffen Bajram, Emin und Djengiz, und der Großvater, der ebenfalls Emin hieß.

Alle wünschten ihr viel Glück und eine Gute Reise.

„Ich habe mich hier bei euch sehr wohl gefühlt, und ich werde bestimmt wiederkommen." sagte sie.

Am nächsten Morgen brachte Vantscho sie mit seinem Taxi zum Flughafen nach Thessaloniki, und sie flog zurück nach Berlin, wo ihr Auto für die Heimfahrt nach Heidelberg im Kreuzberger Hinterhof auf sie wartete.

Auf den Spuren von Jakov Kalderon

Uschi war schon vor vier Wochen wieder abgereist. Sie befand sich jetzt in Südfrankreich und plante ihre nächste Reise. Im Oktober sollte es nach China gehen.

In Bitola war es, wie schon seit Wochen, immer noch 33 Grad heiß und mehr. Da rief mich eine deutsche Baha'i Freundin, die in Ohrid zu Gast war, an und fragte, ob ich einem mazedonischen Fremdenführer namens Dzordzi, der Kunden aus Israel erwartete, bei der Kontaktaufnahme zur Jüdischen Gemeinde helfen könne. Deren Vorfahren seien aus Bitola gewesen. Ich musste ihr jedoch sagen, dass es keine Juden mehr in der Stadt gab. Ich hatte noch keine Zeit gehabt, über die Anfrage nachzudenken, als Dzordzi selbst anrief und sagte, dass er mit seinen Gästen bereits in Bitola sei. Er habe sie gerade in Thessaloniki vom Flughafen abgeholt. So gab es kein Ausweichen mehr und wir verabredeten uns für 20 Uhr im Biergarten des Restaurants 'GRNE', dem 'Tontopf', am Magnolia Platz beim Uhrturm.

Als ich dort ankam und die Besucher begrüßte, sah ich auch unseren Nachbarn Samir, den verhutzelten Hellseher, der mit seiner kleinen Familie einen Spaziergang machte. Er saß im Rollstuhl, den seine junge Frau mit Hilfe des 3jährigen ältesten Sohnes schob. Der jüngste saß auf seinen Knien.

Da stießen zwei verschiedene Welten aufeinander. Aber beide waren ein Teil meiner Welt und ich stellte sie einander vor.

Irit, eine Frau von Anfang 50 von mädchenhaftem Charme mit langen blonden Haaren, und ihr etwas älterer Ehemann Itzik, mit grauem Lockenschopf und blassem Gesicht, waren Universitätsprofessoren aus Tel Aviv, sie für Geschichte, er für Finanzwesen. Nimrod, Irits Sohn aus erster Ehe, Student der Psychologie, war auch mitgekommen.

Als Samir und Familie weitergezogen waren, setzten wir uns in den Garten des Grne, unterhielten uns auf Englisch und Dzordzi sagte: „Ihre Freundin in Ohrid hat mir erzählt, dass sie sich mit den Juden in Bitola gut auskennen. Itziks Familie war aus Thessaloniki, Irits Vater war von hier und sie möchte nach Spuren suchen. Vielleicht können Sie dabei helfen."

„Ja, herzlich gern." erwiderte ich und Irit erzählte:

„Mein Vater hieß Jakov Kalderon und stammte aus einer großen sephardischen Familie in Bitola. Als Einziger von elf Geschwistern hat er den Krieg überlebt."

„Wie denn das?" fragte ich gespannt.

„Er wollte vor dem Krieg nach Palästina auswandern und hatte angefangen, Hebräisch zu lernen. Er wurde jedoch vom Kriegsbeginn überrascht und zur Königlich Jugoslawischen Armee eingezogen. Als Hitler im April 1941 auch Jugoslawien angriff und innerhalb weniger Tage besiegte, wurde er Gefangener der mit den Deutschen verbündeten Kroatischen Ustasha und zur Zwangsarbeit nach Deutschland deportiert, wo er in der Lederverarbeitung beschäftigt wurde, denn sein Vater hatte eine kleine Lederfabrik gehabt. So überlebte er mit Mühe und Not. Zunächst war er in Limburg an der Lahn, dann in Trier und Saarburg, und am Ende in Metz, im damals von den Deutschen besetzten Elsass. Dort war er so ausgehungert, dass er nur noch 40 Kilo wog und dem Tode nahe war. Doch er überlebte, da der französische Arzt, der für die Zwangsarbeiter zuständig war, seine Sprachkenntnisse entdeckte, ihn als Dolmetscher bei seinen Konsultationen einsetzte und wieder hochpäppelte."

„Woher wissen sie das so genau?" fragte ich.

„Er hat nie darüber gesprochen, aber in den vier Jahren seiner Kriegsgefangenschaft hat er Tagebuch geführt, in serbo-kroatischer Sprache. Aber erst viele Jahre nach seinem Tod habe ich es übersetzen lassen."

„Wann ist er denn gestorben?"

„Er kam 1977 bei einem Verkehrsunfall in der Nähe von Tel Aviv ums Leben. Ich war damals zwanzig."

„Oh, das tut mir Leid." sagte ich und dachte an die Familie des Dr. Abravanel aus Bitola. Er und seine Frau waren der Deportation der Juden entgangen und hatten überlebt, doch bei dem schweren Erdbeben in Skopje 1963 verloren sie Sohn, Tochter und Schwiegersohn. Dann fragte ich:

„Wie ist denn ihr Vater nach dem Krieg nach Israel gelangt?"

„Nach der Befreiung aus der Kriegsgefangenschaft wollte er sich auf den Weg zurück in die Heimat nach Bitola machen, aber er bekam keine Einreiseerlaubnis. So meldete er sich als Freiwilliger zur neuen, aus der siegreichen kommunistischen Partisanenbewegung entstandenen jugoslawischen Volksarmee. Doch als er schon im Zug saß, traf er Leute aus Bitola und Skopje, die ihm berichteten, dass von seiner Familie niemand mehr am Leben sei. So stieg er wieder aus und ging von Italien aus nach Palästina, wo 1948 der Staat Israel entstand. Er arbeitete in einem kleinen Kibbuz in der Nähe von Tel Aviv und heiratete eine Israelin russischer Herkunft, meine Mutter, mit der er einen Sohn und eine Tochter bekam, mich. Nach Mazedonien konnte er nie wieder zurück, da er im neuen Jugoslawien als Deserteur galt."

Je länger ich dieser tief aufwühlenden Geschichte zuhörte, desto stärker bewegte sie mich, und ich hatte nur noch einen Wunsch, nämlich Irit bei der Suche nach ihren Wurzeln und den Spuren ihres Vaters zu helfen. So konnte ich endlich in meiner Rolle als Spezialistin für das Judentum in Bitola, in die ich eher zufällig hineingestolpert war, von Nutzen sein.

Die kleine Familie wollte zwei Nächte in Bitola bleiben und dann nach Skopje weiterfahren. Ich schlug deshalb vor, keine Zeit zu verlieren und an diesem Abend ein Konzert zu besuchen mit alten Liedern und Chansons, die Jakov Kalderon in seiner Jugend sicher auch gehört hatte.

Nachdem wir die Strategie für unsere Recherchen am nächsten Tag festgelegt hatten, gingen wir daher alle ins Freilichtkonzert im Amphitheater in Heraklea Linkestis.

Zu Abend gegessen hatten wir im Restaurant Grne.

Am nächsten Morgen trafen wir uns vor dem Städtischen Informationszentrum, dem ehemaligen Richard Wagner Museum. Dort erfuhren wir nicht viel, das für mich neu war, und das waren schlechte Nachrichten. Der Vorsitzende des Vereins für Israelisch-Mazedonische Freundschaft in Bitola war am Vortag verstorben und sein Stellvertreter auf der Beerdigung. Ich fragte nach seinem Vorgänger, Professor Emilian Vilos. Den hatte ich im Französischclub kennen gelernt und er hatte mir die tragische Geschichte der Familie Abravanel erzählt und mich bei meinen ersten Besuchen in Bitola durch das ehemalige Judenviertel geführt.

Der sei vor drei Tagen verstorben, hieß es, und bereits beerdigt. Außerdem sei der Jüdische Friedhof vor vier Monaten von Skinheads vandalisiert und das kleine Museum im Torhaus ausgeraubt worden. Dieser Tag fing nicht gut an!

Wir gingen hinüber zum Standesamt auf der anderen Seite des Flusses, um nach einer Abschrift der Geburtsurkunde von Irits Vater zu fragen. Er war am 3. Februar 1919 in Bitola geboren. Doch die Frau am Schalter konnte nichts finden und vertröstete uns auf Montag. Dann sei eine andere Kollegin da, die sich besser auskenne. Wieder kein Glück!

Anschließend machten wir uns zu Fuß auf den Weg ins Museum am Ende des etwa 1 km langen Korso.

Unterwegs zeigte ich den Besuchern das frisch renovierte Gebäude, das den Davidstern im Balkongitter trug, und die kleine Seitenstraße, in der die französische Grundschule gelegen hatte, die Jakov Kalderon, der so gut Französisch sprach, höchst wahrscheinlich besucht hatte.

„Mein Vater hat danach die Handelsakademie besucht. Ich weiß aber nicht, ob das in Bitola oder in Skopje war. Die Familie ist später in die Hauptstadt gezogen." sagte Irit.

„Ich kenne hier eine alte Dame, die mir immer, wenn ich sie besuche, von ihren jüdischen Schulkameraden von der Handelsakademie erzählt." sagte ich. „Alle fünf Jahre kommt sie zum Klassentreffen mit den Überlebenden zusammen. Wir sind gerade an dem Haus, in dem sie wohnt, vorbeigelaufen. Aber vielleicht ist sie in Ohrid, die Familie hat dort eine Ferienwohnung."

„Lasst uns zuerst ins Museum gehen. Sie macht sicher gerade eine Siesta." meinte Itzik.

Im Museum, auf dem langen Zeitstrahl, konzentrierten wir uns auf die kleine, den Juden von Bitola gewidmete Abteilung mit der Liste der Namen all derer, die nach Treblinka deportiert und ermordet worden waren. Es waren über 3200.

Den Namen Kalderon zählte Irit 80 mal, Tanten und Onkel ihres Vaters und deren Kinder. Vom 1894 erbauten Bahnhof von Bitola aus waren sie zuerst nach Skopje und von da weiter nach Treblinka in Polen transportiert worden. Keiner kam zurück. Die ganze große Familie wurde ausgelöscht.

Nach der Mittagspause im 'El Greco' machten wir uns in Dzordzis Wagen auf den Weg zum Bahnhof, der noch genau so aussah wie zur Kriegszeit, und danach zum Jüdischen Friedhof an der Straße nach Prilep. Obwohl fast alle Grabsteine verschwunden waren, machten Irit und Itzik durch den Zaun hindurch zahlreiche Fotos.

Vom Friedhof war es nicht weit bis zum ehemaligen Judenviertel, der 'Mahala' hinter der Stara Čaršija. Obwohl der Straßenname sich geändert hatte, kannte Irit die Adresse des früheren Wohnsitzes ihrer Familie, denn zehn Jahre zuvor hatten ihre einzigen Verwandten väterlicherseits, zwei ihrer Vettern zweiten Grades, die Söhne eines Großonkels, der rechtzeitig vor dem Krieg nach Israel gegangen war, sie ausfindig gemacht. Auf dem Weg dorthin durch die engen, gewundenen Straßen schauten wir in ein großes, leer stehendes, ehemals jüdisches Haus hinein, das den Originalzustand bewahrt hatte, und das mir Professor Vilos schon vor sechs Jahren gezeigt hatte. Da sich keine Erben der früheren Besitzer gemeldet hatten, war es vom Staat an die jüdische Gemeinde zurückgegeben worden, die wohl noch nicht wusste, was sie damit machen sollte. Dann kamen wir der Hausnummer 11 immer näher und unsere Spannung wuchs.

Dzordzi, der Fremdenführer, ging etwas schneller als wir, um unseren Besuch anzukündigen. So erwartete uns der Hausherr am Gartenzaun mit einem breiten Lächeln auf dem Gesicht. Auch seine Frau stand dabei und lud uns zum Eintreten ein.

Als wir dann im Hof saßen und sie uns türkischen Kaffee servierte, waren wir alle tief bewegt, ja zu Tränen gerührt, denn wir saßen genau dort, wo Irits Vater und seine zahlreichen Geschwister ihre Kindheit und Jugend verbracht und die Eltern mit ihren Gästen Kaffee getrunken hatten.

Die verlassenen Häuser der deportierten Juden seien zunächst Staatseigentum geworden und dann an wohnungslose junge Familien verteilt worden. Ab 1974 hätten die Bewohner sie kaufen können. Das kleine Haus sei nicht mehr dasselbe, sondern ein Neubau aus den 70er Jahren, aber mit dem gleichen Grundriss, erklärte der neue Hausherr. Er habe all die Jahre darauf gewartet, dass sich von der Familie der ehemaligen Besitzer jemand meldete. Nun freue er sich sehr über den Besuch. Wir plauderten noch ein wenig und fanden heraus, dass er zu den hervorragenden Amateurmusikern gehörte, die uns am Vorabend im Amphitheater mit Liedern und Chansons aus der guten alten Zeit erfreut hatten.

Dann umarmten wir uns wie alte Freunde und verabschiedeten uns, denn ich hatte telefonisch um 16 Uhr 30 ein Treffen mit Vladimir vor seinem Café VAN in der türkischen Altstadt verabredet. Ich hatte Irit erzählt, warum seine Eltern in der Gedenkstätte Yad Vashem in Israel 1991 als 'Gerechte unter den Völkern' geehrt worden waren.

Er erwartete uns lächelnd vor der Tür und schloss das Café für die Besucher auf, so dass wir das restaurierte alte Haus begutachten und bewundern konnten. Er würde es leider verkaufen müssen, sagte er, und zwar so schnell wie möglich. Dann erzählte er von seinen Eltern und ihren Erlebnissen.

„Weißt du, wo die Lederfabrik der Familie Kalderon war?" fragte ich ihn, als wir wieder auf die Straße traten.

„Nein, aber sicher war sie hier in der Nähe." antwortete er.

Nun blieb uns nur noch der Besuch bei Hrisula A., der alten Dame, die als junges Mädchen die Handelsakademie von Bitola besucht hatte. Soviel ich wusste, war sie etwa 1920 geboren. Hatte sie Jakov Kalderon gekannt? War er vielleicht ihr Klassenkamerad gewesen? Hoffentlich war sie zu Hause!

Mit leicht zitternden Knien gingen Irit und ich die uralte, knarrende Holztreppe mit dem wackeligen Geländer hinauf, die noch aus Kaiser Napoleons III Zeiten zu stammen schien, und klingelten an der Wohnungstür. Ljuptcho, der Architekt, Hrisulas Sohn, öffnete uns und ließ uns herein.

„Ja, sie ist zu Hause!" sagte er nach der Begrüßung, führte uns in ihr Zimmer und bat uns, Platz zu nehmen.

Doch schon kam sie hereingehumpelt und begrüßte uns:

„Das ist Irit aus Israel. Ihr Mädchenname ist Kalderon und ihr Vater ist in Bitola geboren. Er hat die Handelsakademie besucht." sagte ich auf Mazedonisch.

„Jakov Kalderon? Ja, der hat doch überlebt und ist nach Israel gegangen. Er war in meiner Klasse." sagte die alte Dame wie aus der Pistole geschossen. Die beiden Frauen, die jüngere und die ältere, schauten einander erstaunt an, zögerten kurz, und fielen sich wortlos in die Arme.

Dann setzten wir uns und Hrisulas Sohn musste mir bei der Übersetzung weiterhelfen, denn mir kamen die Tränen, als Irit erzählte, wie ihr Vater überlebt hatte und die beiden Frauen sich wieder in den Armen lagen. Schließlich wurden Itzik, ihr Mann, und Nimrod, ihr Sohn, die unten auf dem Korso warteten, nach oben geholt, vorgestellt und auch umarmt.

Hrisula hatte inzwischen begonnen, nach den Fotos aus ihrer Schulzeit zu suchen, die sie mir schon so oft gezeigt hatte, und sie fand das typische Klassenfoto der Handelsakademie von 1936-37, in den ersten Reihen die Mädchen und dahinter wie die Orgelpfeifen die Jungen. Sie musste eine Weile suchen, dann zeigte sie resolut auf den Jungen ganz rechts in der obersten Reihe und sagte: „Das ist Jakov Kalderon! Er war sehr intelligent und lebhaft, spielte gern Gitarre und sang dazu. Und du siehst ihm ähnlich."

Ich übersetzte, schaute auf das Foto und schaute auf Nimrod, seinen dunkelblonden Enkel. Die Ähnlichkeit war unverkennbar. Um ihre Rührung zu verbergen, kramte Hrisula aufgeregt weiter unter ihren Fotos. Doch von Jakov fanden wir kein zweites, wohl aber eins von zwei weiteren jüdischen Überlebenden aus der selben Schulklasse, von Jamila Kolonomos, der ehemaligen Partisanführerin, und von Rosa Kamhi.

„Die beiden wohnen in Skopje. Jamila war verheiratet mit Avram Sadikario, dessen Brüder von Boris und Vaska Altiparmak vor der Deportation gerettet wurden, beide aber später im Partisanenkampf für die Befreiung Jugoslawiens gefallen sind. Auch Moric Romano aus meiner Klasse überlebte, weil er zur Zeit der Deportation in Bulgarien interniert war. Er wurde später jugoslawischer Botschafter in Chile. Avram und Moric sind beide voriges Jahr verstorben." berichtete Hrisula. Sie erklärte uns auch noch, wo das Gebäude der ehemaligen Handelsakademie lag. Es war immer noch eine Handelsschule und lag am Ufer des Dragor, auf dem Weg nach Bair, dort wo laut Professor Vilos 1944 zwei deutsche SS-Offiziere von den Partisanen erschossen und verscharrt worden waren.

Fast täglich kam ich daran vorbei.

Irit schrieb sich Adressen und Telefonnummern von Jamila und Rosa auf, denn am folgenden Tag wollte sie mit ihrer Familie nach Skopje weiterfahren und auch dort auf Spurensuche gehen. Hrisulas Augen strahlten vor Freude, aber ich sah sie mir etwas besorgt an. Sie hatte wohl seit unserer letzten

Begegnung einen leichten Schlaganfall erlitten, denn sie redete etwas schleppend und war stark abgemagert.

Irit war wohl gerade noch rechtzeitig gekommen.

Ljuptcho lud uns dann alle zum 90. Geburtstag seiner Mutter
am 24. August ein. Auf der Rückreise nach Thessaloniki würden Irit und ihre Familie rechtzeitig dazu wieder in Bitola
sein, und ich würde sie dann auch noch einmal sehen. Bei der
gemeinsamen Spurensuche waren wir zu Freunden geworden,
Irit, die Israelin mit den Wurzeln in Bitola, Itzik, dessen Vorfahren aus Thessaloniki stammten, und ich, das deutsche
Kriegskind Lili Marlen. Noch nie hatte ich mich jüdischen
Menschen aus Israel mit ihrem besonderen Schicksal so nahe
gefühlt, und das Perlmutthalskettchen aus Ohridski Biseri,
das mir Irit zum Abschied schenkte, bewahre ich als kostba-
ren Schatz auf. In Berlin oder in Tel Aviv werden wir uns
hoffentlich in naher Zukunft wiedersehen.

Das Ende des Sommers

In diesem Jahr habe ich schon meinen siebenten Sommer in Bitola verbracht. Wie immer in der heißen Jahreszeit feierten die Roma in Bair ihre Kinder und damit die Freude am Leben, trotz Armut und Arbeitslosigkeit, trotz Diskriminierung und Verfolgung. Im August gab es an jedem Wochenende und oft auch mitten in der Woche eine 'Svadba', obwohl Ramadan, Fastenmonat, war. Das konnte eine Beschneidungsfeier, ein 'Sunet', für den kleinen Sohn sein, der wie ein orientalischer Prinz gekleidet durch die Straßen getragen oder gefahren wurde oder die Hochzeit des Sohnes oder der Tochter.

Der Tanz begann immer nachmittags auf einem der kleinen Plätze, die die enge Bebauung des Viertels auflockern. Eine Musikkapelle mit Solosänger stellte sich auf, stimmte ihre elektronischen Verstärker und legte lautstark los. Die Nachbarschaft hörte mit und jeder konnte, wenn er mochte, auch mittanzen. Gegen 19 Uhr wurde es wieder ruhig, denn der 'engere' Kreis der geladenen Gäste, das konnten 300 Personen und mehr sein, begab sich in eines der großen Restaurants in der Innenstadt. Dort gingen die Feier und der Tanz weiter, bis zum Abendessen gegen Mitternacht und weit darüber hinaus.

In der Sommersaison leben von diesen Familienfesten ganze Berufszweige, in erster Linie die Roma Musiker. Bei jeder 'Svadba' werden sie sowohl für den Nachmittagstanz als auch für den Abend gebraucht. Eine Blas- und Trommlerkapelle, die 'Trubadji oder ein von Trommeln begleiteter Zurlaspieler, spielen auf zur standesamtlichen Trauung. Von Trubadji begleitet paradieren im Frühsommer stolze Eltern die erfolgreichen Abiturienten durch die Straßen der Stadt, Roma, wenn auch noch selten, und andere Mazedonier gleichermaßen.

Neben den Schneiderinnen und den Friseurinnen ist der nächste viel beschäftigte Berufszweig der der Photographen und Videofilmer, denn jedes Detail der Feier wird photographiert und gefilmt. In den Wochen nach dem Fest wird jedem das Video in ganzer Länge gezeigt und jeder Gast bekommt sein Foto von Braut und Bräutigam.

An Stelle der alten, ausgestorbenen Handwerksberufe der Roma entstehen neue Einnahmequellen. So filmt Selmas Cousin Elvis neben seinem Job als Kameramann bei einem Fernsehsender den ganzen Sommer lang eine Hochzeit nach der anderen und liefert den Familien Videos von professioneller Qualität. Ein Vetter von Selmas Mutter verdient sich ein Zubrot, indem er die Videos mit den entsprechenden Geräten kopiert, damit sie an die Verwandtschaft in andere Städte des Landes und ins Ausland verschickt werden können.

Auch einer der Pferdehalter von oben auf dem Hügel nutzt die Hochzeitssaison. Er hat sich eine offene Kutsche, einen 'Pajeton', angeschafft. Damit holt der Bräutigam am frühen Nachmittag die Braut vom Haus ihrer Eltern ab und sie fährt zu seinem Elternhaus, wo sie dann mit Verwandten und Nachbarn am Rundtanz auf der Straße teilnehmen, bis es Zeit ist für die Fotosession in der Innenstadt im Park am Uhrturm.

Davids Vater hat Kochen gelernt und hilft bei Hochzeiten in der Küche aus. Inzwischen findet er manchmal auch außerhalb der Svadba Saison Arbeit als Koch.

Aber nicht nur die Roma feiern im Sommer. Besonders zum 2. August, dem Eliastag, an dem 1903 der 'Ilinden' Aufstand gegen die Türkenherrschaft losbrach, wechseln sich in der Innenstadt Folklore-, Pop- und Jazzkonzerte ab mit Ausstellungen und internationalen Festivals, einem für Monodrama und

Ende August dem großen für Dokumentar- und Spielfilme zu Ehren der Manaki Brüder.

Milton Manaki drehte schon vor dem Ersten Weltkrieg Filme über Ereignisse in der Stadt, darunter auch den Besuch des letzten Sultans, nur ein Jahr bevor den Osmanen die Kontrolle über den europäischen Teil ihres Reiches nach dem ersten Balkankrieg 1912 fast vollständig entrissen wurde.

In meinem ersten Sommer in Bitola, 2004, gewann der Film 'Gegen die Wand' des deutsch-türkischen Regisseurs Fatih Akin den großen Preis des Manaki Festivals.

Im Jahr zuvor hatte ihn der russische Dokumentarfilmer Andrej Nekrassow erhalten. Das erfuhr ich aber erst, als er 2005 mit seiner Familie für einige Wochen als Untermieter in meine Berliner Wohnung zog, während ich in Bitola war. Sein Haus in Köpenick war nicht rechtzeitig fertig geworden.

Das größte Fest des Sommers findet aber jeden Abend auf dem Schirok Sokak statt, denn nicht nur die ortsansässigen Bitolaner gehen dann dort spazieren und treffen sich in den Straßencafés mit Freunden und Bekannten, sondern auch die vielen mazedonischen Auswanderer aus Deutschland, Österreich, der Schweiz, Frankreich, Holland, Schweden und aus Übersee, die mit ihren Ehepartnern und ihren Kindern den Urlaub in der alten Heimat verbringen.

Etwa 500 Tausend Mazedonier leben außerhalb des Landes, in Australien 300 Tausend, in Deutschland ca. 70 Tausend. Wie die Zugvögel kehren viele jedes Jahr an ihren Ausgangsort zurück. So hört man auf dem Korso, aber auch im Supermarkt tagsüber Deutsch, Englisch, Französisch, Schwedisch und Holländisch und auf den Parkplätzen und in den Höfen, auch in Roma Bair, warten flotte Mittelklasseautos auf die Rückfahrt in die neue Heimat am anderen Ende Europas.

Ende August geht die Sommerzeit allmählich zu Ende. Die 'Zugvögel' und auch ich reisen wieder ab. Eltern und Kinder denken an den Schulbeginn am 1. September.

Dann wird statt der Svadba Musik ein anderes Ohren betäubendes Geräusch charakteristisch für Roma Bair, das Geknatter der 'Mashina', einer Kreissäge auf vier Rädern.

Vorne auf dem offenen Fahrgestell ist die Säge angebracht, in der Mitte zwei Sitze für den Fahrer und seinen Gehilfen und hinten, nur mit Blech verkleidet der Motorblock.

Ein halbes Dutzend und mehr davon warten zu jeder Jahreszeit in der Nähe des Bahnhofes, dass man sie braucht, um für den Winter Feuerholz zu zersägen. Wie die Sperrmüllbeseitigung ist auch das eine Aufgabe der Roma. Im August und September ist für sie Hochsaison.

Obwohl im Winter fast alle elektrische Geräte benutzen, weil zur Zeit Jugoslawiens der Strom billig war, wird in der Küche meist noch mit Holz geheizt und gekocht. Das muss aber im Spätsommer eingekauft und eingelagert werden, bevor die große Nachfrage den Preis zu sehr in die Höhe treibt.

Wenn die Baumstämme aus dem Wald dann per Lastwagen angeliefert und vor dem Haus auf die Straße gekippt worden sind, lässt man eine 'Mashina' kommen, die sie in handliche, kurze Stücke zersägt. Wer das Geräusch einer altmodischen Kreissäge noch im Ohr hat, weiß was für ein fürchterlicher Krach das ist. Das geht aber schnell vorbei und die Axt tritt in Aktion, um die Stücke noch kleiner zu hacken.

Danach fasst die ganze Familie mit an, um das Holz im Schuppen oder im Keller einzulagern. Jetzt darf der Winter kommen. Der kann hier in den Bergen sehr kalt werden.